DU MÊME AUTEUR

Aux Éditions Gallimard

LA TECHNIQUE ET LA SCIENCE COMME « IDÉOLOGIE », coll. Les Essais, 1973 ; coll. Tel n° 161, 1990.

PROFILS PHILOSOPHIQUES ET POLITIQUES, coll. Les Essais, 1974 ; coll. Tel n° 114, 1987.

CONNAISSANCE ET INTÉRÊT, coll. Bibliothèque de Philosophie, 1976 ; coll. Tel n° 38, 1979.

LE DISCOURS PHILOSOPHIQUE DE LA MODERNITÉ. Douze conférences, coll. Bibliothèque de Philosophie, 1988 ; coll. Tel n° 379, 2011.

DROIT ET DÉMOCRATIE. Entre faits et normes, coll. NRF Essais, 1997.

VÉRITÉ ET JUSTIFICATION, coll. NRF Essais, 2001.

L'AVENIR DE LA NATURE HUMAINE. Vers un eugénisme libéral ?, coll. NRF Essais, 2002.

ENTRE NATURALISME ET RELIGION. Les défis de la démocratie, coll. NRF Essais, 2008.

à Odette
pour mes 80 ans

nrf essais

Jürgen Habermas

La constitution de l'Europe

Traduit de l'allemand par Christian Bouchindhomme

nrf

Gallimard

En accord avec l'auteur,
l'ordre des chapitres de l'édition française
diffère de l'ordre original.

Habermas, Jürgen (1929-)

Histoire : Histoire de l'Europe (2000-) ; Union européenne ; politique, économie

Sciences sociales :

science politique ; État : étude comparative des gouvernements : fédéralisme

philosophie ; philosophie politique ; souveraineté ; démocratie

économie ; capitalisme ; coopération internationale ; Union européenne

Titre original :

ZUR VERFASSUNG EUROPAS. EIN ESSAY

Préface à l'édition française

Chaque sphère publique génère ses propres perspectives, induisant une perception différente des problèmes, y compris parfois lorsque ce sont les mêmes. Aussi est-il nécessaire, pour que nous puissions, en tant qu'Européens, apporter aux mêmes problèmes des solutions communes, que les citoyens de chaque État se familiarisent avec les points de vue des citoyens de tous les autres États. Nous constatons alors que les solutions envisagées et les arguments se rencontrent en dépit des frontières nationales. Il est impératif que les citoyens européens n'abandonnent pas à leurs chefs d'État ou de gouvernement ce processus de déprovincialisation réciproque. À cet égard, je me félicite que mon essai, qui a été entièrement rédigé sur l'arrière-plan d'une expérience allemande, trouve des lecteurs français.

De mon point de vue, « plus d'Europe » est la bonne réponse à apporter à la crise de la dette publique, elle-même déclenchée par la crise bancaire qui précéda. Cette longue crise a le mérite d'avoir enfin mis en évidence une erreur de construction de l'Union monétaire européenne, que beaucoup ont jusque-là ignorée — l'Union n'a pas été dotée de la capacité d'action politique qui aurait pu empêcher que les économies nationales dérivent les unes par rapport aux autres. Les déséquilibres économiques pourraient être gommés à moyen terme si seulement on les compensait par une coordination des politiques fiscale et économique propres à chaque pays. Le pacte fiscal qui vient d'être conclu[1] est un pas dans la bonne direction, bien qu'il résulte d'une mauvaise politique. Il faut qu'il soit complété dans un autre esprit par d'autres pas d'une nature tout à fait différente. Je soutiens que la politique défendue par le gouvernement fédéral allemand fait fausse route, pour au moins trois raisons.

Premièrement, Angela Merkel fait avancer l'intégration européenne à feu trop doux pour n'être pas soupçonnée d'égoïsme national. C'est à la hussarde qu'elle impose aux autres pays son propre modèle politique et, comme l'a souligné l'ancien chancelier Helmut Schmidt dans un vibrant discours[2], qu'elle dilapide le capital confiance que pendant un demi-siècle les gouvernements allemands étaient parvenus à réunir auprès de leurs voisins. Deuxièmement, la politique d'austérité de Merkel est guidée par l'idée fausse selon laquelle tout ira bien dès lors que tous les États membres observeront les règles du pacte de stabilité et de croissance. C'est pourquoi Merkel fait une fixation sur les sanctions, qu'elle associe à son idée d'union fiscale. Ce dont nous avons besoin en fait, c'est d'un gouvernement économique qui prenne en compte les différences régionales et nationales et, ce faisant, se donne comme objectif d'harmoniser progressivement les différents niveaux de compétitivité.

Troisièmement, et cela est beaucoup plus grave, Merkel et Sarkozy n'ont à l'esprit qu'une collaboration intergouvernementale : ce sont les chefs d'État et de gouvernement des dix-sept pays de la zone euro qui sont désormais censés tenir les rênes du Conseil européen. Or ils espèrent, en procédant de cette manière, contourner les lois de finances des Parlements nationaux. Ce qui nous attend donc, c'est, au détriment de la démocratie, une auto-habilitation des exécutifs dans une proportion jusqu'ici inconnue. Avec le pacte fiscal, nous assistons, pour la première fois dans le processus d'unification européenne, à un approfondissement de la collaboration des gouvernements sans renforcement simultané du Parlement européen — ce qui suffit, à soi seul, à rendre légitime un pas supplémentaire vers plus d'intégration.

Les capacités de l'État national sont insuffisantes pour venir à bout des problèmes qui se posent désormais à nous. Les États de l'Union monétaire européenne ne pourront s'affranchir de l'emprise des marchés financiers que s'ils se dotent d'une politique commune. La régulation du secteur bancaire, qui se fait attendre depuis si longtemps, n'aboutit pas, parce que si, du point de vue économique, la société mondiale s'est développée à l'unisson, sur le plan politique en revanche, elle demeure divisée en États qui ne visent que leurs intérêts nationaux. C'est pour cette raison, par exemple, qu'une taxe sur les transactions financières n'arrive pas à voir le jour, alors qu'elle renflouerait par milliards les caisses publiques. Il faut un acteur de la taille de l'Union monétaire européenne, car ce n'est qu'à partir de cet ordre de grandeur que l'on pourrait prétendre donner l'exemple par la création d'une telle taxe.

Face à des puissances mondiales « nées », telles que les États-Unis, la Chine, la Russie, le Brésil ou l'Inde, les nations européennes ne pourront défendre leur incomparable richesse culturelle et l'idée qu'elles se font de l'État social et de la démocratie que si elles parlent d'une seule voix. En outre, une Europe de petits États, reléguée en marge de l'histoire mondiale, ne pourra plus espérer avoir une quelconque influence sur l'instauration d'un ordre politique plus juste dans la société multiculturelle mondiale.

Il reste que le prochain pas sur la voie de l'intégration menant à une politique économique, sociale et extérieure commune ne saurait être franchi au prix d'un évidement du processus démocratique. En cela, je suis d'accord avec mes amis républicains français. Il faut impérativement prendre un autre cap. Ce que j'aimerais faire comprendre par mon essai, c'est qu'une réforme judicieuse des traités européens instituant l'Union monétaire en noyau européen peut conférer à celui-ci la forme d'une entité commune[3] à la fois supranationale et démocratique. Or il n'est nullement nécessaire que cette entité commune prenne la forme d'un État fédéral pour que les procédures de légitimation exigées dans une république puissent être satisfaites ; dans une Europe ainsi réformée, c'est aux États membres qu'il reviendrait d'assumer le rôle indispensable de garants des libertés républicaines.

Février 2012

Introduction

Depuis 2008 nous observons le laborieux apprentissage qui oblige le gouvernement allemand à se rapprocher, à contre-cœur et à petits pas, de l'Europe. Enfin — après deux ans et demi au cours desquels on s'est d'abord obstiné à n'envisager que des solutions nationales et le chacun pour soi, puis où l'on s'est mis à marchander sur le plan de sauvetage, à envoyer des signaux ambigus et à atermoyer chaque concession — il semble que l'idée s'impose enfin de l'échec du rêve ordolibéral, et de ses critères de stabilité librement définis auxquels devraient se conformer les budgets nationaux des États membres. Ce rêve de « mécanismes » destinés à brider la démocratie en rendant superflue la formation d'une volonté politique commune s'est brisé, et ce, non seulement sur les différences qui existent entre les cultures économiques, mais, surtout, sur les changements rapides de configuration qui ont rendu les environnements imprévisibles. Aujourd'hui, tout le monde parle du « vice de construction » d'une Union monétaire à laquelle n'ont pas été conférées les compétences de pilotage politique nécessaires, et l'idée que les traités européens devraient être modifiés fait son chemin ; mais il n'y a toujours pas de perspective claire.

D'après les projets les plus récents qui circulent, la gouvernance commune des dix-sept pays de la zone euro doit être prise en charge par ses chefs de gouvernement, et donc par un « noyau dur » du Conseil européen. Puisqu'un tel organe de direction ne peut prendre aucune décision ayant force d'obligation juridique, c'est au type de sanctions devant être prises contre les gouvernements « désobéissants » que l'on réfléchit. Mais qui, en fait, décidera ici de qui doit être obéissant ? À qui et à quoi ? Les critères rigides de stabilité du « pacte pour l'euro »[1], sujet à tant d'incantations, ayant été élargis et assouplis, les décisions du Conseil européen sont en principe à même de couvrir le large éventail de toutes les politiques susceptibles d'avoir une influence sur la compétitivité d'économies nationales qui s'écartent de plus en plus les unes des autres. Ces accords passés au sein du Conseil européen auraient par conséquent un impact jusqu'au cœur des Parlements nationaux — interférant sur leurs politiques budgétaires et économiques, mais atteignant également les politiques de l'éducation, du travail, sans parler des politiques sociales. On se représente manifestement la procédure de la manière suivante : les chefs d'État ou de gouvernement devront s'arranger, par la menace s'il le faut, pour constituer au sein de leur Parlement respectif des majorités leur permettant d'imposer les objectifs politiques sur lesquels ils se sont entendus avec leurs collègues à Bruxelles. Nous aurions alors un Conseil européen des dix-sept s'étant lui-même habilité pour produire un « fédéralisme exécutif »[2], qui deviendrait un parangon d'autocratie postdémocratique.

Comme on pouvait s'y attendre, cet évidement intergouvernemental de la démocratie suscite des résistances, et ce sur au moins deux fronts. D'un côté, les défenseurs de l'État national se voient confirmés dans leurs pires craintes et se retranchent plus que jamais derrière la façade d'une souveraineté étatique — quand bien même celle-ci est criblée de toutes parts et depuis bien longtemps. Ils ont toutefois perdu, dans la crise actuelle, le soutien tacite d'un lobby économique, dont le seul souci était, jusqu'ici, de tenir, dans la mesure du possible, la monnaie unique et le marché commun à l'écart des interventions politiques. De l'autre côté, ce sont les avocats des « États-Unis d'Europe » qui retrouvent leur voix — laquelle semblait éteinte depuis fort longtemps —, et qui voient, dans cette interprétation emphatique de leur propre intention d'une intégration à partir d'un noyau dur européen, une manière de la desservir. Bref, s'il est légitime de tout faire pour éviter de sombrer dans un fédéralisme exécutif, les forces qui s'y opposent tendent à s'engluer dans la vaine alternative entre l'État national et l'État fédéral européen — et le fédéralisme vague qui se contente de dénoncer cette fausse alternative, sans dire pourquoi ni comment, ne vaut pas mieux.

Dans mon essai sur la « [C/c]onstitution » — c'est-à-dire sur l'état actuel et la constitution politique — de l'Europe, j'entends d'abord montrer que l'Union européenne du traité de Lisbonne n'est pas très loin d'avoir la forme d'une démocratie transnationale — beaucoup moins loin en tout cas que le laissent entendre bon nombre de ses détracteurs. Mais, parallèlement, j'aimerais expliquer pourquoi le vice de construction de l'Union monétaire ne peut pas disparaître sans une transformation du traité. La coordination des décisions entre les États de l'UEM, qui est désormais en projet, requiert une base de légitimation plus large. Il reste que, pour une telle démocratie transnationale, une constitution fédérale est un mauvais modèle. Observons l'Union européenne telle qu'elle est et imaginons qu'elle ait été créée pour de bonnes raisons par deux sujets constituants à égalité de droits — les citoyens (!) et les peuples politiques (!) d'Europe —, nous y discernons alors l'architectonique d'une entité politique commune, supra-étatique et en même temps démocratique. Le développement qu'a connu le droit européen au cours du demi-siècle passé n'est comparable à rien d'autre ; il suffirait d'en tirer les conclusions qui s'imposent.

Les élites politiques reculent encore devant une transformation des traités, effrayées qu'elles sont par la hauteur des obstacles qu'elles auront à franchir. Certes, ces hésitations ne s'expliquent pas seulement par un intérêt opportuniste dans la conservation du pouvoir ou par un manque de capacités à diriger. Les craintes suscitées par l'économie font que les peuples ont acquis une conscience plus aiguë des problèmes de l'Europe, qui prennent dès lors une dimension existentielle beaucoup plus grande. Les élites politiques devraient saisir comme une chance cette montée en puissance du thème européen et reconnaître ce qu'il y a aussi d'extraordinaire dans la situation que nous connaissons. Mais les dirigeants politiques sont aussi devenus depuis longtemps une élite de fonction, qui n'est plus guère préparée aux situations qui sortent du cadre et ne s'accommodent pas d'un traitement par la simple gestion de l'opinion ; de telles situations exigent un mode de fonctionnement politique autre, capable de former les mentalités.

J'aimerais, dans la mesure de mes moyens, tenter de lever les verrous qui, dans la pensée, font encore obstacle à une transnationalisation de la démocratie. J'inscrirai pour cela l'unification européenne dans un ensemble de cohérences qui ont tendu, sur la longue durée, à encadrer par le droit les formes du pouvoir étatique pour, ce faisant, les humaniser et les civiliser[3]. Il doit être évident, dans cette optique, que la pacification de nations en état de guerre virtuel permanent — objectif qui a motivé après la Seconde Guerre mondiale, non seulement la fondation des Nations unies, mais encore l'unification européenne — a créé la base d'un autre objectif, de plus grande envergure, à savoir la mise en place de capacités d'action politique au-delà des États nationaux. Depuis un certain temps déjà, la constitutionnalisation du droit international n'est plus seulement dirigée vers cette pacification qui fut aussi à l'origine du développement de l'Union européenne. La pulvérisation des illusions néolibérales a accrédité l'idée que les marchés financiers, et d'une manière générale les systèmes fonctionnels de la société mondialisée (qui ne s'arrêtent donc pas aux frontières nationales), ont modifié les conditions dans lesquelles les problèmes se posent, de sorte que les États individuels — ou les coalitions d'États — ne sont plus à même de les maîtriser. La politique en tant que telle, la politique au singulier, est, dans une certaine mesure, mise au défi par ce besoin de réglementation : il est nécessaire que la communauté *internationale* des États prolonge son développement et devienne une communauté *cosmopolitique* des États et des citoyens du monde.

En préambule à l'essai sur la [C/c]onstitution de l'Europe, je reprends trois interventions qui peuvent être lues comme des commentaires stigmatisant, en revanche, une image ethnocentrique de l'Europe : celle qui se reflète dans la perception autocentrée que l'Allemagne réunifiée a d'elle-même.

L'entretien avec Thomas Assheuer s'est déroulé peu après la faillite de Lehman Brothers et quelques jours avant l'élection de Barack Obama à la présidence des États-Unis[4]

— dont on sait à quel point elle était attendue et porteuse d'espoirs. Furent déjà abordés dans cet entretien certains des thèmes que j'ai repris et développés dans mon essai sur la [C/c]onstitution de l'Europe. Alors que la crise financière venait d'éclater, Angela Merkel et Peer Steinbrück[5] se sont opposés, lors d'une réunion décisive à Paris, à la requête de Nicolas Sarkozy et Jean-Claude Juncker en faveur d'une action européenne commune impliquant les pays de l'Union économique et monétaire. On voyait déjà clairement se profiler, à cette occasion, le schéma réactionnel du « cavalier seul » national.

L'article suivant, publié dans *Die Zeit* et en français dans la revue *Esprit*, a été rédigé en réaction à cette session historique de la nuit du 8 au 9 mai 2010, au cours de laquelle Angela Merkel a été rattrapée par la violence des marchés financiers. N'ayant su faire plus tôt la part des choses entre l'aide indispensable qu'il fallait apporter à une Grèce surendettée et une complaisance opportuniste pour les « petits arrangements »[6] — de rigueur en politique intérieure (mais qui n'empêchèrent quand même pas la perte par la CDU du Parlement régional de Rhénanie du Nord-Westphalie[7]) —, elle fut contrainte, après de longues semaines d'hésitation, de se soumettre, tête basse, aux impératifs toujours plus coûteux du marché. Pour la première fois, je pris alors pleinement conscience d'une réelle possibilité d'échec du projet européen.

Enfin, j'ai saisi l'occasion de ce qu'une décision prise à Bruxelles en faveur d'un « pacte pour l'euro »[8] coïncidait fortuitement avec la défaite du gouvernement régional de coalition noir-jaune dans le Bade-Wurtemberg[9] pour publier un article dans la *Süddeutsche Zeitung*. J'y confrontai l'exercice gris du pouvoir dans le huis clos du Conseil européen au succès démocratique d'un large et prolixe mouvement social. Il semble, en effet, que personne n'ait alors perçu que le tournant spectaculaire pris par le gouvernement fédéral à propos du nucléaire cachait surtout un autre tournant, pris en silence mais comme pour mieux en taire la gravité, relatif à la politique européenne. Ayant dû abdiquer sa foi économique dans l'efficacité réputée infaillible des « mécanismes » automatiques, le gouvernement fédéral a en effet choisi de prendre une nouvelle direction : celle conduisant à une politisation de l'intergouvernementalisme, dont les éminences grises seraient les chefs de l'euro-club.

À la suite de l'essai sur la [C/c]onstitution de l'Europe, je propose, enfin, un article (déjà publié dans une revue spécialisée[10]) examinant les liens qui rattachent le concept systématique des droits de l'homme au concept généalogique de la dignité humaine. Je qualifie ce concept de « généalogique », car c'est à partir des expériences qui l'ont blessée que la dignité humaine s'est développée pour faire naître une dynamique de luttes liées à l'indignation, qui ne cesse, elle-même, de stimuler l'espoir d'une institutionnalisation, si improbable soit-elle, des droits de l'homme à l'échelle mondiale. La perspective d'une société mondiale politiquement constituée perd un peu de son caractère utopique si nous voulons bien avoir présent à l'esprit que la rhétorique et la politique des droits de l'homme ont, en quelques décennies, bel et bien fait preuve d'une efficience croissante à l'échelle mondiale. Depuis l'époque de la Révolution française, ce qui se révèle implicitement dans la différence riche en tensions entre les droits de l'homme et ceux du citoyen, c'est l'aspiration à l'accomplissement général de l'égalité des droits pour chacun. Cette aspiration cosmopolitique a un sens : il est impossible que le rôle des droits de l'homme se borne à la critique morale des injustices au sein d'une société mondiale fortement stratifiée. Les droits de l'homme ont besoin d'une insertion institutionnelle dans une société mondiale politiquement constituée.

Starnberg,
début septembre 2011

PREMIÈRE PARTIE

L'EUROPE DE LA RÉPUBLIQUE FÉDÉRALE, OU DE LA PERCEPTION AUTOCENTRÉE QUE L'ALLEMAGNE RÉUNIFIÉE A D'ELLE-MÊME

Chapitre premier

APRÈS LA BANQUEROUTE

ENTRETIEN

DIE ZEIT : Monsieur Habermas, le système de la finance internationale s'effondre et menace l'économie mondiale d'une crise. Qu'est-ce qui vous préoccupe le plus ?

JÜRGEN HABERMAS : Ce qui me préoccupe le plus, c'est l'injustice sociale révoltante qui se révèle dans le fait que les coûts socialisés de l'échec vont devoir être supportés par les groupes sociaux les plus vulnérables. C'est la masse de ceux qui, de toute façon, n'appartiennent pas aux gagnants de la mondialisation, qui va encore devoir payer les conséquences entraînées dans l'économie réelle par un dysfonctionnement prévisible du système financier. Et ce n'est pas, comme les actionnaires, en argent qu'ils vont devoir le payer, mais dans la devise forte de leur existence quotidienne. Même à l'échelle mondiale, ce sont les pays économiquement les plus faibles qui vont subir le même sort et se retrouver punis. Voilà le scandale politique. Maintenant, on peut montrer du doigt les boucs émissaires, mais je tiens cela pour de l'hypocrisie. Les spéculateurs eux-mêmes agissent dans le cadre des lois lorsqu'ils obéissent à la logique socialement reconnue de la maximisation des profits. La politique se ridiculise quand elle préfère moraliser plutôt que de s'appuyer sur le droit contraignant que lui offre le législateur démocratique. C'est elle et non le capitalisme qui répond de l'orientation du bien commun.

ZEIT : Vous revenez de Yale où vous avez donné une série de conférences[1]. Quelles ont été pour vous les images les plus impressionnantes de cette crise ?

HABERMAS : Sur les écrans, cela se traduisait par des images en boucle, nimbées d'une mélancolie à la Hopper, montrant, en Floride et ailleurs, de longs alignements de petites maisons abandonnées, avec, planté dans le jardin de devant, l'écriteau « *Foreclosure* » (« Saisie [hypothécaire] »). Après quoi on nous montrait des bus remplis d'ayants droit curieux venus d'Europe ou de riches américains du sud, puis l'agent immobilier leur montrant la chambre à coucher dont les meubles avaient été saccagés de rage et de désespoir par leurs anciens propriétaires. À mon retour, j'ai été surpris de voir à quel point les états d'esprit étaient différents ; autant il y a de l'énervement dans l'air aux États-Unis, autant ici on en reste à l'humeur égale du *business as usual.* Là-bas, les angoisses liées à l'économie dans ce qu'elle a de plus réel se trouvent associées à la dernière ligne droite d'un combat électoral extrêmement lourd de conséquences. La crise a fait prendre conscience à une large proportion d'électeurs de ce qu'il y allait de leur intérêt personnel. Elle a obligé les gens à se décider de manière non nécessairement plus raisonnable, mais plus rationnelle, du moins par rapport à la dernière élection présidentielle qui avait été dopée idéologiquement par le 11 septembre. C'est à cette conjonction fortuite que l'Amérique va devoir, comme j'ose le présumer juste avant l'élection, son premier président noir — et, du même coup, une marque historique profonde qui va faire date dans la culture politique américaine. Il se pourrait fort bien, en outre, que cette crise annonce également un sérieux changement de temps dans la situation météorologique de la politique en Europe.

ZEIT : Que voulez-vous dire ?

HABERMAS : Des marées d'un tel coefficient modifient les paramètres du débat public ; la gamme des options politiques possibles se décale. C'est avec la guerre de Corée qu'un terme a été mis à la période de New Deal ; c'est avec Reagan, Thatcher et le déclin de la guerre froide qu'a pris fin l'époque des programmes favorables à l'État social. Aujourd'hui avec la fin de l'ère Bush et le récent éclatement de la bulle néolibérale, c'est le programme de Clinton et Blair qui est en train de sombrer. À quoi faut-il s'attendre maintenant ? J'espère simplement qu'on va cesser de prendre pour argent comptant les priorités de l'ordre du jour libéral, et qu'on va les mettre sur la table pour y faire le tri. Il existe un programme qui tend à soumettre sans retenue le monde vécu aux impératifs du marché, il doit passer intégralement au banc d'essai.

ZEIT : Pour les néolibéraux, l'État n'est qu'un protagoniste sur le terrain de l'économie. Il doit rester discret. Cette pensée est-elle vraiment discréditée ?

HABERMAS : Tout dépend du tour que va prendre la crise, de la réceptivité des partis politiques, des thèmes qui seront débattus publiquement. C'est vrai que le calme plat qui domine encore en République fédérale est particulier. Le gouvernement s'est compromis jusqu'au dérisoire en appliquant un programme qui accorde une suprématie sans scrupule aux investisseurs ; qui s'accommode sans sourciller de l'inégalité sociale, de l'émergence de la précarité, de la pauvreté infantile, des bas salaires, etc. ; qui mine les principales fonctions de l'État avec sa folie de la privatisation ; qui brade les vestiges délibératifs de la sphère publique politique à des investisseurs financiers en mal de rendement, et fait dépendre la culture et l'éducation des intérêts et des caprices de sponsors qui ne réagissent qu'à la conjoncture.

ZEIT : Et maintenant, avec la crise financière, les conséquences de la folie de la privatisation vont devenir visibles ?

HABERMAS : Aux États-Unis, la crise exacerbe les dégâts d'ores et déjà visibles, tant sur les plans matériel ou moral que social ou culturel, qu'a occasionnés la politique de désétatisation extrême de Bush. On peut tout privatiser : les soins de santé et ceux apportés aux personnes âgées, les transports publics, la distribution de l'énergie, les prisons, la sécurité militaire, l'éducation scolaire et universitaire ; on peut céder les infrastructures culturelles des villes et des collectivités locales à des fondations privées, que l'on suppose impliquées et magnanimes ; tout cela appartient à un design social dont les risques et les répercussions font très mauvais ménage avec les principes égalitaires d'un État de droit social et démocratique.

ZEIT : Les bureaucraties étatiques ne peuvent tout simplement pas fonctionner de manière rentable.

HABERMAS : Mais il y a des domaines de la vie qui sont vulnérables et que l'on ne peut pas exposer aux risques de la spéculation boursière ; substituer les prestations vieillesse à des fonds de pension, c'est aller à l'encontre de cela. Dans l'État de droit démocratique, il y a aussi des biens publics, tels qu'une communication politique non déformée, qui ne peuvent pas être non plus expressément adaptés aux attentes de rendement des investisseurs financiers. Le besoin d'information des citoyens ne peut pas être satisfait par la culture des zakouski[2] et du prêt-à-consommer que dispense une télévision privée ubiquitaire.

ZEIT : Avons-nous affaire, pour reprendre le titre d'un de vos livres qui donna lieu à bien des controverses, à une « crise de légitimation du capitalisme »[3] ?

HABERMAS : Depuis les années 1989-1990, il semble qu'il soit devenu impossible de s'évader de l'univers du capitalisme ; il s'agit au mieux de civiliser et d'humaniser, de freiner de l'intérieur la dynamique capitaliste. Dès l'après-guerre, l'Union soviétique avait cessé pour la gauche européenne de l'Ouest d'offrir une possible voie de rechange. C'est pourquoi, en 1973, j'avais pu parler des problèmes de légitimation qui se posaient *de l'intérieur du* capitalisme. Ces problèmes, plus ou moins pressants selon les contextes nationaux, sont revenus à l'ordre du jour. On en perçoit le symptôme dans les voix qui s'élèvent pour limiter les rémunérations des chefs d'entreprise ou pour supprimer les parachutes dorés, les indemnités et les bonus d'un montant indicible.

ZEIT : Cela, c'est de la politique pour la galerie. Nous avons des élections, l'an prochain.

HABERMAS : Certes, c'est naturellement de la politique dans sa dimension symbolique, et c'est vrai qu'elle nous distrait de la faillite des hommes politiques et des économistes qui les conseillent. Car, pour ce qui était de la nécessité de réguler les marchés financiers, ils étaient tous au courant. Je viens justement de relire l'article absolument limpide de Helmut Schmidt « Surveillez les nouveaux grands spéculateurs ! » de février 2007 (*Die Zeit*, n° 6, 2007). Tous le savaient. Mais en Amérique et en Grande-Bretagne, les élites politiques estimaient que la spéculation effrénée avait son utilité, tant que tout se passait bien. Et en Europe on se pliait au Consensus de Washington. Même ici il se trouvait une large coalition de volontaires que M. Rumsfeld n'avait nul besoin de démarcher.

ZEIT : Le Consensus de Washington, c'est cette doctrine économique de sinistre réputation que le FMI et la Banque mondiale ont forgée en 1990, et qui était censée réformer d'abord l'Amérique latine, puis la moitié du monde. Son mot d'ordre : *Trickle down* — l'« effet de ruissellement ». Plus les riches seront riches et le plus le bien-être « ruissellera » jusqu'aux pauvres[4].

HABERMAS : Cela fait des années que nous voyons s'accumuler les preuves empiriques de la fausseté de ce pronostic. Les effets d'accroissement de la prospérité se distribuent de manière tellement asymétrique, que ce soit à l'échelle nationale ou internationale, que nous voyons s'étendre, sous nos yeux, les zones de pauvreté.

ZEIT : Refaisons un peu le passé : pourquoi le bien-être se distribue-t-il de manière si inégale ? La fin de la menace communiste a-t-elle désinhibé le capitalisme occidental ?

HABERMAS : Si vous parlez du capitalisme intégré aux États nationaux, qu'on maintenait dans certaines limites grâce à des politiques économiques d'inspiration keynesienne, le capitalisme, autrement dit, qui a permis aux pays de l'OCDE d'atteindre un niveau de bien-être sans précédent d'un point de vue historique, celui-là a périclité avant la fin de la menace communiste — avec l'abandon du système de parités fixes et le premier choc pétrolier[5]. La doctrine économique de l'École de Chicago est déjà devenue une pratique de pouvoir sous Reagan et Thatcher. Et cela a continué sous Clinton et le New Labour — Gordon Brown, notre dernier héros, y compris. Il est vrai cependant que l'effondrement de l'Union soviétique a déclenché à l'Ouest un triomphalisme navrant. Le sentiment d'avoir eu raison du point de vue de l'histoire universelle a eu pour effet de nous suborner. Nous avons permis à une doctrine politico-économique de prendre les proportions d'une vision du monde, qui a pénétré tous les domaines de la vie.

ZEIT : Le néolibéralisme est une forme de vie. Tous les citoyens doivent devenir des entrepreneurs et des clients...

HABERMAS : ... et des concurrents. Celui qui se montre le plus fort en s'imposant dans la jungle de la société de concurrence doit être crédité de ce succès comme d'un mérite personnel. La manière dont les hommes d'affaire — et pas seulement eux — tombent dans le panneau du blabla élitaire sur les plateaux de télévision est d'un comique abyssal ; ils se laissent célébrer, avec le plus grand sérieux, comme des modèles, et se détachent alors en pensée du reste de la société. Élites de classe « collet monté », élites fonctionnelles ; ils deviennent incapables de faire la part des choses. Pardon, mais qu'est-ce que le caractère de gens en position de leadership, faisant à peu près correctement leur travail, peut bien avoir d'exemplaire ? La doctrine de Bush, préparant à l'automne 2002 l'invasion de l'Irak, a été un autre signal d'alerte. Depuis, le potentiel social-darwiniste du fondamentalisme du marché n'a cessé de s'étendre non seulement dans la politique sociale, mais également en politique extérieure.

ZEIT : Bush n'était pas seul. Il avait à ses côtés une étonnante brochette d'intellectuels influents.

HABERMAS : Et la plupart n'ont guère tiré d'enseignements de ce qui s'est passé. Tout au contraire, après le désastre qu'a été la guerre d'Irak, un penseur comme Robert Kagan, par exemple, met encore un peu plus en avant, dans des catégories à la Schmitt, la figure du loup. L'échec de la politique mondiale, sa rechute dans une nouvelle lutte pour le pouvoir d'autant plus explosive que l'arme nucléaire se répand ; tout cela lui inspire un commentaire : « Le monde est redevenu normal ».

ZEIT : Mais, encore une fois, revenons en arrière : qu'est-ce qui a été négligé après 1989 ? Est-ce simplement que le capital est devenu trop puissant par rapport à la politique ?

HABERMAS : Au cours des années quatre-vingt-dix, c'est devenu pour moi une évidence que les capacités d'action politique devaient rattraper les marchés à un niveau supranational. Il a alors semblé, en un premier temps, au début des années quatre-vingt-dix, que cela allait être le cas. George Bush père s'est mis à parler, à titre programmatique, d'un nouvel ordre mondial et a paru vouloir enfin prendre en ligne de compte les Nations unies, qui étaient depuis longtemps en panne — et à vrai dire tenues dans le plus grand mépris ! Les interventions humanitaires décidées par le Conseil de sécurité ont d'abord augmenté de manière spectaculaire. À une mondialisation économique politiquement désirée auraient dû alors faire suite une coordination politique à l'échelle mondiale qui pouvait déboucher sur la juridicisation des relations internationales. Mais, sous Clinton déjà, ces premières approches ambivalentes se sont enrayées. Il y a là un déficit dont la crise actuelle nous fait à nouveau prendre conscience. Depuis les débuts de la modernité, pour que le réseau des relations solidaires entre les membres d'une communauté politique ne se déchire pas, le marché et la politique ont dû sans cesse se contrebalancer. Mais une tension demeure entre capitalisme et démocratie parce que marché et politique reposent sur des principes opposés. Et c'est à nouveau ce qui se produit avec cette dernière poussée de mondialisation ; les décisions des électeurs, décentralisées, indépendantes, forment des réseaux de plus en plus complexes, or, en présence d'un tel flot, des réglementations sont nécessaires qui ne pourront intervenir que si le processus politique permettant de généraliser les intérêts est amplifié à la mesure du phénomène.

ZEIT : Mais qu'est-ce que cela signifie ? D'un côté, vous vous voulez fidèle au cosmopolitisme kantien ; de l'autre, vous prenez à votre compte l'idée lancée par Carl Friedrich von Weizsäcker d'une « politique intérieure mondiale ». Vous me pardonnerez, mais cela ressemble assez à un tour de passe-passe. Il suffit de regarder dans quel état sont les Nations unies.

HABERMAS : Même une réforme de fond des institutions centrales des Nations unies serait insuffisante. Ce qui est certain, en revanche, c'est qu'il est urgent que le Conseil de sécurité, le Secrétariat, la Cour internationale de justice, et de manière générale les compétences et les procédures de ces institutions soient adaptées pour être en mesure d'imposer à l'échelle mondiale l'interdiction du recours à la force et les droits de l'homme — ce qui est déjà, en soi, une tâche immense. Même si la Charte des Nations unies pouvait être développée en une sorte de Constitution de la communauté internationale, il manquerait toujours, dans ce cadre, un forum permettant que la politique de puissance menée par les grands acteurs mondiaux se transforme en négociations institutionnalisées sur les problèmes qu'il est urgent de régler : économie mondiale, politique du climat et de l'environnement, litiges sur les ressources énergétiques, raréfaction de l'eau potable, etc. On voit apparaître au niveau transnational des problèmes de répartition, qui ne peuvent pas être résolus de la même manière que les violations des droits de l'homme ou que les atteintes à la sécurité internationale — c'est-à-dire qui ne peuvent pas être tenus, en fin de compte, pour des infractions criminelles —, mais qui doivent cependant faire l'objet d'un traitement politique.

ZEIT : Mais il existe déjà, pour cela, une institution bien établie, c'est le G8.

HABERMAS : Le G8 est un club fermé dans lequel certaines de ces questions peuvent être abordées, mais sans obligation ni engagement. Il y a, du reste, entre les attentes immodérées qui sont attachées à ces mises en scène et les piètres résultats d'un spectacle médiatique sans conséquence, une disproportion révélatrice. Cette impression d'une attente, aussi illusoire soit-elle, montre que les populations perçoivent très bien les problèmes irrésolus que va devoir affronter la future politique intérieure mondiale — et qu'elles y sont peut-être bien plus sensibles que leurs gouvernements.

ZEIT : Parler de « politique intérieure mondiale », vous ne trouvez pas que cela sonne un peu comme les Rêves d'un visionnaire[6] ?

HABERMAS : N'importe qui, hier, aurait tenu pour irréaliste ce qui se passe aujourd'hui : les gouvernements européens et asiatiques qui rivalisent de propositions de régulation pour compenser l'absence d'institutionnalisation des marchés financiers. Le SPD et la CDU aussi font des propositions sur l'obligation de dresser un bilan et l'apport de fonds propres, sur la responsabilité personnelle des chefs d'entreprise, l'amélioration de la transparence, de la surveillance des marchés boursiers, etc. Il est vrai que la taxe sur les transactions boursières n'est évoquée qu'occasionnellement. On dit haut et fort vouloir une nouvelle « architecture du système financier », mais peut-on simplement l'imposer compte tenu des résistances américaines ? D'ailleurs, face à la complexité des marchés et à l'interdépendance mondiale des principaux systèmes fonctionnels, serait-elle même suffisante ? Les traités internationaux auxquels pensent les partis en ce moment peuvent être dénoncés à tout moment. On est donc encore assez loin d'un régime paré pour le gros temps.

ZEIT : Même si on dotait le Fonds monétaire international de nouvelles compétences, cela ne donnerait toujours pas de « politique intérieure mondiale ».

HABERMAS : Je ne veux pas faire de pronostics. Face aux problèmes, le mieux que nous ayons à faire est encore de réfléchir de manière constructive. Il serait nécessaire que les États nationaux se comprennent désormais, et dans leur propre intérêt, comme des membres de la communauté internationale. C'est la cloison la plus épaisse qu'il y ait à percer dans les décennies à venir. Lorsque nous portons les yeux sur ce que nous appelons la « politique », nous continuons le plus souvent de ne voir que l'action de gouvernements qui se comprennent eux-mêmes comme des acteurs collectifs décidant souverainement, conformément à la tradition dont ils sont héritiers. Cette manière que les gouvernements ont de se voir s'est forgée au XVIIe siècle en même temps que le système étatique européen, or elle a cessé aujourd'hui d'être conforme à elle-même. Ce que nous appelions encore hier « politique » voit son état d'agrégation changer quotidiennement.

ZEIT : Mais comment cela cadre-t-il avec le social-darwinisme qui s'est, selon vous, à nouveau propagé dans la politique mondiale après le 11 septembre ?

HABERMAS : Nous devrions peut-être prendre un peu de recul et élargir le contexte. Depuis la fin du XVIIIe siècle, la loi et le droit ont infiltré le pouvoir gouvernemental politiquement constitué et lui ont retiré, à l'intérieur de ses propres frontières, son caractère substantiel de « force » pure et simple. Pour l'extérieur, il a conservé une bonne part de cette substance — malgré l'écheveau foisonnant des organisations internationales et malgré la force de contrainte de plus en plus grande exercée par le droit international. Néanmoins, le concept du « politique » frappé au coin de l'État national évolue. Au sein de l'Union européenne, par exemple, les États membres ont conservé leur monopole de la force sur leur espace et transposent pourtant le droit qui a été décidé au niveau supranational sans pratiquement de contestations. Ce changement de forme du droit et de la politique a aussi partie liée avec une dynamique capitaliste que l'on peut décrire comme une alternance d'ouverture obéissant à des contraintes fonctionnelles et de fermeture exigée par l'intégration sociale, chacune prenant tour à tour le dessus.

ZEIT : Le marché fait exploser la société, et l'État social la recoud ?

HABERMAS : L'État social est un acquis tardif et, comme nous pouvons le constater, fragile. Les marchés et les réseaux de communication en expansion ont toujours eu un potentiel explosif, et en même temps libérateur et individualisant pour les citoyens ; mais les anciennes relations de solidarité ont toujours pu être, ensuite, réorganisées dans un cadre institutionnel élargi. Ce processus a commencé dès le début des Temps modernes, lorsque les ordres du Haut Moyen Âge se sont progressivement parlementarisés au sein des nouveaux États territoriaux — comme en Angleterre —, ou — comme en France — lorsqu'ils ont été soumis à la médiation du pouvoir royal absolu. Le processus s'est poursuivi ensuite, dans le sillage des révolutions constitutionnelles des XVIIIe et XIXe siècles et des législations instituant l'État social au XXe siècle. La domestication du Léviathan et de l'antagonisme de classes par le droit n'a pas été une affaire simple. Mais, les raisons fonctionnelles étant toujours les mêmes, le fait que l'on ait réussi auparavant à constitutionnaliser l'État et la société nous indique aujourd'hui que la direction à prendre, après cette nouvelle poussée de mondialisation économique, est celle d'une constitutionnalisation du droit international et de la société mondiale, qui est pour l'instant déchirée.

ZEIT : Quel rôle joue l'Europe, dans ce scénario optimiste ?

HABERMAS : Un rôle différent de celui qu'elle a effectivement joué dans la crise. Je ne comprends pas bien pourquoi on loue à ce point la manière dont l'Union européenne gère la crise. Gordon Brown pouvait, avec sa décision mémorable, amener le secrétaire américain du Trésor, Henry Paulson, à changer son interprétation du plan de sauvetage financier si laborieusement décidé[7], puisque, prenant de vitesse le président français et malgré les réticences initiales de Merkel et Steinbrück, il avait réussi à mettre de son côté les principaux protagonistes de la zone euro. Mais il suffit d'examiner de près le processus de négociation et ce qui en a résulté. Ce furent bel et bien les trois États nationaux les plus puissants de l'UE qui conclurent, en tant qu'acteurs souverains, de coordonner leurs mesures — différentes pour chacun, mais uniformisées. Or, malgré la présence de Messieurs Juncker et Barroso, ce qui est ressorti de cet accord international de pur style classique ne ressemble guère à une quelconque volonté commune, politiquement formée, attribuable à l'Union européenne. C'est ce dont a pris acte le *New York Times* de manière un peu désabusée lorsqu'il a ironisé sur l'éternelle incapacité européenne à mettre au point une politique économique commune.

ZEIT : D'où vient, selon vous, cette incapacité ?

HABERMAS : Les derniers développements de la crise mettent vraiment en évidence la tare de la construction européenne : chaque pays réagit avec ses propres mesures économiques. Les compétences dans l'Union sont, pour le dire simplement, réparties de telle manière que, si ce sont Bruxelles et la Cour européenne de justice qui imposent les libertés économiques, les coûts externes qu'elles engendrent, en revanche, reviennent aux pays membres ; résultat : il n'existe aucune formation d'une volonté commune qui permettrait de mettre au point une politique économique unique. Les principaux États membres sont déjà très divisés sur les principes et la simple question de savoir quelle part on veut accorder à l'État, et quelle part au marché. Et chaque pays mène sa propre politique étrangère, la République fédérale en tête. La République de Berlin, en fait de « diplomatie douce », a oublié les leçons que l'ancienne République de Bonn avait tirées de l'histoire. Le gouvernement se prélasse avec volupté dans le nouvel espace dont il jouit pour sa politique extérieure, depuis 1989-1990, et retombe, du même coup, dans le modèle connu des jeux de pouvoirs entre États nationaux, qui ne sont pourtant plus guère des principautés au format de poche[8].

ZEIT : Et que devraient faire ces « principicules », selon vous ?

HABERMAS : Vous me demandez de dresser un cahier de doléances ? Dans la mesure où j'estime que l'intégration graduée est, en l'état des choses, la seule voie qui puisse mener à une Union européenne capable d'action, la proposition de Sarkozy de mettre en place un gouvernement économique de la zone euro pourrait offrir un premier point d'ancrage. Cela ne veut pas dire qu'il faille, ce faisant, se ranger aux arrière-pensées étatiques et aux visées protectionnistes de son initiateur. Les processus et les résultats politiques sont deux choses différentes. Une fois que la « collaboration renforcée » serait en place dans le domaine de la politique économique, il faudrait alors pouvoir enchaîner avec une collaboration analogue en politique étrangère. Et, dans un cas comme dans l'autre, il deviendrait impossible de continuer à traficoter par-dessus la tête des gens.

ZEIT : Il n'y a pas grand monde pour soutenir cela — pas même du côté du SPD.

HABERMAS : La direction du SPD préfère que ce soit le chrétien-démocrate Jürgen Rüttgers, le « représentant des travailleurs » de la métropole Rhin-Ruhr[9], qui aille plus ou moins dans ce sens. Partout en Europe, les partis sociaux-démocrates sont le dos au mur, parce que, à force de modérer leurs propositions, il ne leur reste qu'à barguigner dans des jeux à somme nulle. Pourquoi ne saisissent-ils pas l'occasion qui leur est offerte de s'évader de leur prison nationale et de s'ouvrir au niveau européen à de nouvelles latitudes d'action ? Ce serait en outre l'occasion, pour eux, de montrer leurs atouts face à une concurrence de gauche qui se cantonne dans la régression. Quoi qu'il en soit de ce que l'on appelle « gauche » ou « droite », les pays de la zone euro ne pourront acquérir qu'ensemble le poids géopolitique suffisant pour espérer raisonnablement influencer l'ordre du jour de l'économie mondiale. Sans cela, ils s'enfonceront dans une situation mondiale aussi dangereuse que chaotique dans laquelle ils seront les caniches de l'Oncle Sam.

ZEIT : *Mot-clé :* Oncle Sam. Il faut que vous soyez très déçu par les États-Unis pour dire cela, non ? Pour vous, les États-Unis étaient le « cheval de trait » du nouvel ordre mondial.

HABERMAS : Que pouvons-nous faire d'autre, d'ailleurs, que de nous asseoir sur ce cheval de trait ? Les États-Unis sortiront affaiblis de la double crise qui nous touche actuellement. Mais pour le moment ils restent la superpuissance libérale ; ils se trouvent simplement dans une situation où il faut leur suggérer de revoir radicalement l'idée néoconservatrice et paternaliste qu'ils se font d'eux-mêmes, qui les fait se projeter sans cesse comme les bienfaiteurs du monde. Exporter dans le monde entier sa propre manière de vivre est un héritage du faux universalisme autocentré des anciens empires. Au contraire, la modernité se nourrit d'un universalisme décentré qui postule un égal respect à l'égard de chacun. Il est dans le propre intérêt des États-Unis de non seulement abandonner leur attitude contreproductive à l'égard des Nations unies mais encore de prendre la tête du mouvement de réforme. Du point de vue historique, la réunion improbable de quatre facteurs — les États-Unis sont une superpuissance, ils sont la plus ancienne démocratie sur terre, un président que je crois libéral et visionnaire va bientôt entrer en fonction et ils disposent d'une culture politique qui est une caisse de résonance pour les engagements normatifs —, offre une configuration inespérée. L'Amérique est aujourd'hui profondément déstabilisée, tout à la fois, par l'échec de son aventure unilatérale, par l'autodestruction du néolibéralisme et par les abus auxquels a donné lieu son « exceptionnalisme ». Pourquoi cette nation, comme si souvent par le passé, ne se ressaisirait-elle pas pour tenter de s'intégrer tant qu'il en est encore temps, avec les grandes puissances concurrentes — les futures puissances mondiales —, à un ordre international qui n'a plus besoin de superpuissance ? Pourquoi un président, qui, ayant été sans aucun doute élu pour changer la destinée de son pays, mais ne disposant plus en politique intérieure que d'une latitude minimale, ne voudrait-il pas, au moins en politique extérieure, saisir cette chance raisonnable, saisir cette chance que lui offre la raison ?

ZEIT : Si je comprends bien, les prétendus réalistes n'obtiendront guère plus de vous qu'un sourire fatigué...

HABERMAS : Je sais qu'il y a bien des raisons de ne pas aller dans mon sens. Le nouveau président américain devra s'imposer aux élites de son propre parti qui dépendent de Wall Street ; il devra aussi sans doute résister à la tentation réflexe d'instaurer un nouveau protectionnisme. Il faudrait en outre, pour imprimer un tournant aussi radical que celui qui s'impose, que les États-Unis puissent bénéficier de la pression amicale d'un allié loyal, mais sachant s'affirmer. Il ne peut exister d'Occident « bipolaire » dans un sens créatif que si l'UE apprend à parler d'une seule voix vers l'extérieur, et, disons-le, que si elle apprend à utiliser le capital-confiance accumulé internationalement pour agir elle-même avec clairvoyance. Le « oui, mais... » tombe toujours sous le sens. Mais, en temps de crise, peut-être a-t-on besoin d'une perspective plus ambitieuse que ce que conseille la pensée *mainstream* ou que de se résoudre une fois de plus aux « petits arrangements » caractéristiques du système D politicien[10].

Novembre 2008

Chapitre II

LE SORT DE L'EUROPE SE JOUE SUR L'EURO

Le sort de l'Europe est lié aux 8 et 9 mai. À l'Ouest, on célèbre la victoire sur l'Allemagne nazie le 8, en Russie, le 9. En Allemagne même, ces deux journées sont officiellement désignées comme celles de « la Libération ». Cette année, pour la première fois, toutes les forces alliées (y compris une unité polonaise) ont défilé ensemble à Moscou pour commémorer l'événement. Sur la Place rouge, Angela Merkel se tenait à la droite de Poutine, incarnant l'esprit de l'Allemagne « nouvelle », des générations allemandes d'après-guerre qui n'oublient pas qu'elles furent aussi libérées par l'armée russe — qui paya d'ailleurs le plus lourd tribut à la guerre.

Or la Chancelière venait tout juste de quitter Bruxelles, où elle avait joué un tout autre rôle, dans une défaite d'un tout autre genre. S'il est un état d'esprit que trahit la photo de la conférence de presse au cours de laquelle les dirigeants européens rendirent publique leur décision de créer un fonds de sauvetage commun pour l'euro en difficulté, ce n'est pas celui de l'Allemagne nouvelle, c'est un état d'esprit étriqué : celui de l'Allemagne d'aujourd'hui. On y voit les visages pétrifiés de Merkel et Sarkozy, un chef de gouvernement et un chef d'État usés par l'affrontement, n'ayant plus rien à se dire. Ce document est-il voué à symboliser l'échec d'une vision qui a habité pendant plus d'un demi-siècle l'histoire européenne de l'après-guerre ?

Si, à Moscou, Merkel apparaissait dans l'ombre projetée de l'ancienne République fédérale, à Bruxelles, le 8 mai, elle portait les stigmates de la lobbyiste qui, pendant des semaines, venait de défendre âprement les intérêts nationaux de la première économie européenne. En en appelant au modèle de la discipline budgétaire allemande, elle a bloqué un plan commun de l'Union qui aurait crédibilisé, quand il en était encore temps, la solvabilité de la Grèce face aux spéculateurs misant sur sa faillite. Des déclarations d'intention inefficaces ont empêché une action commune préventive. La Grèce devait demeurer un cas isolé.

Ce ne fut qu'après le dernier choc boursier que la Chancelière cessa enfin de résister sans mot dire, « ramollie » il est vrai par les pressions persuasives convergentes du président des États-Unis, du FMI et de la BCE. Par crainte des armes de destruction massive de la presse populaire, elle avait, semble-t-il, perdu de vue la capacité destructrice d'autres armes de destruction massive : celles des marchés financiers. Pour elle, plus question de zone euro — ce qui fera dire à José Manuel Barroso, le président de la Commission, quelques jours plus tard : « Les États membres doivent avoir le courage de dire s'ils veulent une union économique et monétaire ou pas. S'ils ne veulent pas d'une union économique, alors il faut oublier l'union monétaire. »

LA CÉSURE

Pour ceux qu'elle implique, la portée de la décision du 8 mai commence à se faire jour. Les métaphores de la « novlangue » actuelle, qui permettent sans relâche d'ouvrir des « parachutes de secours », de mettre en place des « paquets de sauvetage », ne doivent pas nous induire en erreur ; les conséquences entraînées par les mesures d'urgence adoptées, cette nuit-là, en faveur de l'euro n'ont aucune commune mesure avec celles de tous les plans de sauvetage financier qui ont pu exister jusqu'ici. Puisque, désormais, la Commission contracte des crédits au nom de l'Union européenne dans son ensemble, ce « mécanisme de crise » est un « instrument communautaire » qui modifie la base même des échanges économiques et commerciaux au sein de l'Union. Le fait que les contribuables de la zone euro doivent répondre des risques budgétaires encourus par tout autre État membre induit un changement de paradigme. Ce qui nous fait prendre conscience d'un problème longtemps refoulé. La transformation de la crise financière en crise étatique nous rappelle la tare congénitale d'une union politique inachevée, abandonnée au milieu du gué. Dans un espace économique à l'échelle d'un continent, englobant une population considérable, on a fait naître un marché commun partiellement doté d'une monnaie commune, sans qu'aient été instituées, au niveau européen, des compétences capables de coordonner les politiques économiques des États membres.

Plus personne aujourd'hui ne peut prétendre que lorsque le directeur général du FMI réclame un « gouvernement économique européen », il formule une requête déraisonnable que l'on peut balayer d'un revers de main. Les modèles, qui dans le respect du pacte de stabilité se contentent de prôner des politiques économiques « conformes aux règles » et des budgets « disciplinés », ne satisfont pas à l'exigence d'adaptation flexible que suppose un environnement politique en proie aux changements rapides. Bien sûr, il faut assainir les budgets nationaux. Mais, ce ne sont toutefois pas seulement les « tricheries » des Grecs ou les « aspirations illusoires au bien-être » des Espagnols qui sont en jeu ; il s'agit, au sein d'une zone monétaire qui réunit des économies nationales hétérogènes, d'imaginer une politique économique qui compense les niveaux de développement. Le pacte de stabilité, auxquels la France et l'Allemagne elles-mêmes avaient dû déroger en 2005, est devenu un fétiche. Un renforcement des sanctions ne suffira pas à contrebalancer les conséquences non voulues qu'engendre une asymétrie voulue entre une union économique complète et une union politique incomplète.

Même la rédaction économique de la *Frankfurter Allgemeine Zeitung* voit « l'Union européenne à la croisée des chemins » (éditorial du 14 mai 2010). Elle se borne, il est vrai, à attiser la nostalgie du Deutschemark en arrangeant un scénario-catastrophe dont seraient responsables les « pays à monnaie faible » ; de son côté, la Chancelière avec un bel opportunisme se met à parler de la nécessité pour les Européens « de s'engrener les uns aux autres plus solidement sur les plans économique et financier ». Mais nulle part la moindre conscience de la césure profonde à laquelle nous sommes confrontés. Les uns brouillent les relations de causalité qui existent entre la crise bancaire et celle de l'euro et imputent le désastre au seul manque de discipline budgétaire. Les autres n'ont qu'une idée en tête : réduire à une question de meilleur management le problème d'une nécessaire harmonisation des politiques économiques nationales.

La Commission souhaite pérenniser le fonds de sauvetage de l'euro et avoir un droit de regard sur les projets de lois de finance nationaux — et ce, avant même qu'ils ne soient soumis aux Parlements concernés. Il n'est pas dit que ses propositions seraient déraisonnables, mais laisser entendre qu'une telle immixtion de la Commission dans le droit des Parlements serait sans incidence sur les traités et ne constituerait pas une aggravation sans précédent d'un déficit démocratique déjà profond et ancien est une suggestion proprement éhontée. Une coordination efficace des politiques économiques doit entraîner un renforcement des compétences du Parlement de Strasbourg ; elle attirera l'attention sur la nécessité d'une meilleure coordination dans d'autres domaines politiques également.

Les pays de la zone euro vont être confrontés à une alternative : approfondir la collaboration européenne ou abandonner l'euro. Ce n'est pas une question de « surveillance mutuelle des politiques économiques », comme le dit Jean-Claude Trichet (*Spiegel* du 15 mai 2010), mais une question d'action commune. Et, à cela, la politique allemande est mal préparée.

CHANGEMENT DE GÉNÉRATION ET INDIFFÉRENCE NOUVELLE

Après la Shoah, le retour de la République fédérale dans le cercle des nations civilisées — d'Adenauer et Heinemann à Weizsäcker et Kohl en passant par Brandt et Helmut Schmidt — a requis des décennies d'efforts. L'habileté tactique d'un Hans-Dietrich Genscher et l'ancrage à l'Ouest par opportunisme ne pouvaient suffire. Ce qu'il fallait, c'était un changement de mentalité dans l'ensemble de la population ; il eut lieu, mais ce fut laborieux. Ce qui a en fin de compte incliné nos voisins à la réconciliation, ce furent, tout d'abord, le changement de nos convictions normatives et l'ouverture au monde des jeunes générations nées avec la République fédérale. Ensuite, bien sûr, la crédibilité des dirigeants politiques d'alors a pu faire pencher la balance dans les relations diplomatiques.

Que l'unification d'une Europe pacifique ait été dans l'intérêt des Allemands était l'évidence même mais ne constituait pas un argument suffisant pour diminuer une méfiance historiquement justifiée à leur égard. Les Allemands de l'Ouest paraissaient, certes, devoir s'accommoder d'une partition nationale. Mais, compte tenu de leurs excès nationalistes passés, il leur était de toute façon impossible de ne pas renoncer au recouvrement de leurs droits de souveraineté, de ne pas assumer le rôle de premier contributeur européen et, le cas échéant, de ne pas fournir certaines prestations qui se révélaient quand même bien rentables pour la République fédérale. Pour être convaincant, l'engagement allemand devait témoigner d'un ancrage normatif. Jean-Claude Juncker (*FAZ*, 20 mars 2010) dit bien où réside la preuve par neuf lorsque, face au froid calcul d'intérêt d'Angela Merkel, il déplore un personnel politique si peu disposé « à prendre pour l'Europe des risques en politique intérieure ».

L'Allemagne d'aujourd'hui est insensible, inflexible, et c'est en amont qu'il faut en rechercher les causes. Dès la réunification, en s'ouvrant sur une Allemagne redevenue grande et toute à ses propres affaires, la perspective s'est mise à changer. La faille qui divisait les mentalités depuis la fin de la guerre gagna en importance, pour se faire plus profonde encore qu'après le départ de Kohl. À l'exception d'un Joschka Fischer trop vite épuisé, la génération au pouvoir depuis l'investiture de Gerhard Schröder en 1998 est sans principes normatifs ; elle s'en laisse conter par une société qui, du fait de sa complexité croissante, la conduit à aborder poussivement des problèmes qui surgissent de jour en jour. Voyant sa latitude d'action se réduire, elle se donne de moins en moins de buts et abdique tout dessein politique — sans parler, bien entendu, de projets comme d'unifier politiquement l'Europe.

Aujourd'hui, les élites allemandes jouissent d'un État-nation qui leur a permis de rallier la normalité. Au bout du « long chemin qui mène à l'Ouest », elles ont décroché leur brevet démocratique et peuvent à nouveau « être comme les autres ». Mais alors que le peuple — à partir de ce qui avait été pour lui aussi une défaite morale rendant nécessaire l'autocritique — avait jusque-là forgé une volonté de trouver au plus vite ses repères dans la « constellation postnationale », il a aujourd'hui perdu cette disposition. Dans un monde globalisé, tout le monde doit apprendre à intégrer les perspectives des autres aux siennes plutôt que de se replier sur un mélange égocentrique d'esthétisation et d'optimisation des profits. Un symptôme politique de cet affaissement de la capacité d'apprentissage est manifeste dans les jugements du Tribunal constitutionnel fédéral sur les traités de Maastricht et Lisbonne[1] ; ils s'accrochent à des idées de la souveraineté qui procèdent d'une doctrine juridique obsolète. Ce colosse au cœur de l'Europe, qui ne se réfère qu'à lui-même, qui fait preuve d'une mentalité nombriliste dépourvue de toute prétention normative, est devenu incapable de seulement garantir le fragile *statu quo* actuel et donc la survie de l'Union européenne.

UNE CONSCIENCE VEULE DE LA CRISE

Il n'y a pas lieu de reprocher un changement de mentalité, mais cette indifférence nouvelle n'est pas sans conséquences dans la manière dont doit être perçu politiquement le défi actuel. Qui est vraiment prêt à tirer la leçon de la crise bancaire ? Il y a déjà longtemps qu'on en connaît la teneur ; il suffit de se rapporter aux belles déclarations d'intention du sommet du G20, à Londres, en avril 2009. Qui est prêt à se battre pour cela ?

Quant à savoir s'il faut dompter ce capitalisme financier redevenu sauvage, personne ne doit se faire d'illusion sur la volonté majoritaire des peuples. À l'automne 2008, pour la première fois dans l'histoire du capitalisme, la colonne vertébrale d'un système économique mondial, désormais entièrement mû par les marchés financiers, n'a pu être sauvée de l'effondrement que grâce aux garanties apportées par les contribuables. Que le capitalisme soit dorénavant incapable de se reproduire à partir de ses propres forces, c'est là un fait bien établi dans la conscience de citoyens qui ont dû répondre en tant que contribuables de la « faillite du système ».

Les exigences des experts sont sur la table. On parle d'imposer un relèvement des capitaux propres des banques, de plus de transparence dans la gestion des fonds alternatifs, d'un contrôle amélioré des bourses et des agences de notation, de l'interdiction des instruments de spéculation inventifs mais délétères pour les économies nationales, d'un impôt sur les transactions financières, d'une taxe sur les banques, de séparer les banques d'investissement des banques d'affaires, d'un démantèlement des complexes bancaires « trop gros pour qu'on les laisse plonger ». Quand, au cours de son talk-show politique du jeudi, Maybrit Illner[2] offrit à Josef Ackermann[3] — P.-D.G. de la Deutsche Bank et lobbyiste averti — de choisir au moins quelques-uns de ces « instruments de torture » que pourrait s'approprier le législateur, on vit la nervosité se refléchir sur le visage du banquier.

Ce n'est pas que la régulation des marchés financiers soit une affaire simple. Sans doute aura-t-on besoin du savoir-faire des banquiers les plus aguerris. Mais ce n'est pas tant la « complexité des marchés » qui risque de faire échouer les bonnes intentions, que la pusillanimité et le manque d'indépendance des gouvernements nationaux. Elles échouent parce que l'on renonce au préalable à une collaboration internationale ayant précisément pour but de mettre en place les capacités d'action qui font défaut — il en est ainsi, à l'échelle mondiale, dans le cadre de l'Union européenne, et plus encore au sein de la zone euro. En matière d'aide à la Grèce, les cambistes et les spéculateurs préféreront faire crédit au défaitisme d'un expert comme Ackermann qu'à l'adhésion pincée de Merkel au fonds de sauvetage de l'euro — et comme ils sont réalistes, ils ne croient de toute façon pas en une coopération résolue des pays de l'euro. Comment pourrait-il en être autrement lorsqu'un tel club consacre toute son énergie à des combats de coqs dont l'issue revient toujours à livrer les postes les plus influents aux personnages les plus falots ?

En temps de crise, tout le monde peut faire l'histoire. Ce n'est pas parce que, dans leur vacuité, nos élites préfèrent suivre les grands titres de *Bild*, qu'elles doivent y trouver prétexte et feindre de croire que ce sont les peuples qui font obstacle à un approfondissement de l'intégration européenne. Elles sont les mieux placées pour savoir que l'opinion des gens reflétée par les sondages est autre chose que la volonté des citoyens formée dans la délibération démocratique. Jusqu'à présent, il ne se trouve pas encore un seul pays où le résultat d'un référendum ou d'une élection européenne se serait décidé sur autre chose que des personnalités ou des sujets nationaux. Sans parler de l'aveuglement de la gauche, incapable de voir au-delà de l'État-nation (et je ne vise pas seulement *Die Linke*), ce sont tous les partis qui sont en reste à notre égard puisqu'aucun n'a même seulement essayé d'aider l'opinion publique à se former politiquement à l'échelle européenne en l'informant en raison.

À condition de faire preuve d'un minimum de courage politique, cette crise de la monnaie commune peut provoquer ce que beaucoup avaient espéré d'une politique extérieure européenne commune : une conscience qui franchisse les frontières nationales, dans le partage d'un destin européen commun.

Mai 2010

Chapitre III

UN PACTE POUR OU CONTRE L'EUROPE ?

La dernière semaine de mars a été marquée par deux événements politiques majeurs[1]. La perte du pouvoir par les partis de gouvernement dans le berceau de la CDU a scellé la sortie rapide du nucléaire ; et, deux jours plus tôt, le Conseil européen avait couplé sa décision de stabiliser la monnaie communautaire à une initiative visant à enfin coordonner les politiques économiques des États membres participants. Que cette poussée d'intégration soit un événement important, il est vrai, n'est guère perçu par l'opinion publique, car, sous bien d'autres aspects, les deux événements sont remarquablement en contraste. Dans le Bade-Wurtemberg, c'est un mouvement social[2] qui, après quarante ans de manifestations de la société civile, renverse une mentalité inflexible sur laquelle pouvaient compter les élites bien en cour avec l'industrie. À Bruxelles, après un an de spéculation contre l'euro, c'est à huis clos que l'on adopte un paquet de mesures « de régulation de la politique économique », dont les répercussions occuperont avant tout les juristes, les économistes et les politologues. Là, nous avons une base qui réussit à changer les mentalités grâce à des luttes menées sur le long terme ; ici, nous avons des gouvernements nationaux qui sont sommés à court terme par les marchés financiers de mieux intégrer leur collaboration.

Le changement de politique énergétique représente une césure, mais c'est depuis des décennies qu'il se prépare et qu'il est politiquement éclairé par le bruit et la fureur des arguments échangés dans la sphère publique. Peut-on en dire autant de l'autre changement, qui doit déboucher sur une plus grande concertation de politiques qui demeurent, conformément au traité européen, du ressort national, mais qui a été négocié de manière expertocratique, livré au compte-gouttes dans les pages économiques des journaux et accompli dans un silence presque total ? Quel est le problème — et peut-il être tout simplement résolu par un arrangement entre les chefs d'État et de gouvernement des États membres concernés ?

LE VICE DE CONSTRUCTION DE L'UNION MONÉTAIRE

Je laisserai de côté la question financière technique de savoir si le mécanisme de stabilité, qui vient d'être mis au point pour relayer le fonds de secours approuvé en mai 2010, mettra fin à la spéculation contre l'euro. Plus importante m'apparaît la question politique relative au vice de construction de l'Union monétaire, la spéculation des marchés financiers ayant sur ce point ouvert les yeux de *tout le monde*. Lorsque l'euro fut introduit, le 1er janvier 1999, quelques-uns espéraient encore la continuation du processus d'unification *politique*. D'autres partisans de l'euro croyaient en l'ordolibéralisme des traités d'économie, accordant une plus grande confiance à la constitution économique qu'à la démocratie. Ils prétendaient que le respect de quelques règles simples destinées à consolider les budgets de chacun des États devait suffire à faire converger (moyennant une adaptation des coûts salariaux) les économies nationales.

D'un côté comme de l'autre, les désillusions sont dramatiques. L'enchaînement rapide des crises — de la finance, de la dette, de l'euro — a mis à nu les vices de construction d'un espace économique et monétaire géant auquel manquent les instruments d'une politique économique commune. Les eurosceptiques, comme Angela Merkel, sont poussés par les contraintes systémiques à faire un pas, à contrecœur, en direction de l'intégration. Il s'agit désormais de réparer les erreurs, fût-ce en recourant à la méthode informelle de la « coordination ouverte ». Ce pis-aller a sans doute l'avantage, aux yeux des acteurs, de ne pas éveiller le chat qui dort. Mais parallèlement, à supposer qu'il fonctionne, il est non-démocratique dans ses répercussions et ce qu'il y a de mieux pour susciter le ressentiment des populations des divers États membres.

Les chefs d'État et de gouvernement se sont fixé de réaliser, chacun dans son propre pays, un catalogue de mesures touchant aux politiques financières, économiques, sociales et salariales, qui sont en principe la chasse gardée des Parlements nationaux (sinon des partenaires sociaux). Un modèle politique se reflète dans les recommandations qui trahissent sa facture allemande. Ce n'est pas de la sagesse en matière d'économie politique que je veux parler, qui, en préconisant l'austérité menace la périphérie d'une déflation durable et contreproductive. C'est le procédé que je vise : les chefs d'État et de gouvernement veulent, chacun devant vérifier plus ou moins au-dessus de l'épaule de l'autre, se contrôler mutuellement tous les ans, afin de déterminer si les collègues ont bien adapté les « directives » du Conseil européen concernant l'état de la dette, l'âge de la retraite, la déréglementation du marché du travail, les prestations du système de santé, les salaires du secteur public, la part salariale dans le revenu national, l'impôt des sociétés, etc.

LA MAUVAISE MÉTHODE

Les accords préalables des chefs d'État et de gouvernements n'étant assortis d'aucune forme d'obligation ou de contrainte juridique, le fait qu'ils définissent des politiques empiétant sur les domaines de compétence-clé des États membres et de leur Parlement conduit à un dilemme. Si les recommandations en faveur d'une régulation de la politique économique demeurent sans effet, les problèmes qu'elles sont censées résoudre vont se pérenniser. Mais si les gouvernements coordonnent effectivement leurs mesures de la manière envisagée, il est alors nécessaire qu'ils « se dotent », chez eux, de la légitimité nécessaire. Or cela ne peut que conduire à un *clair-obscur*[3] dans lequel deviendront indiscernables l'« insensible » pression venue d'en haut et l'accommodation, bon gré mal gré, venue d'en bas. Qu'est-ce donc que ce droit octroyé à la Commission de contrôler les budgets des États membres « en temps voulu » — et, par conséquent, avant la décision des Parlements —, si ce n'est une forme d'arrogance qui crée un préjudice réel et direct ?

Se retrouvant derrière ce rideau de brume, les Parlements nationaux (et, le cas échéant, les syndicats) ne pourront échapper au soupçon de suivisme dans la concrétisation, apparaissant comme des Parlements (ou des syndicats) « godillots », tout juste capables de dire amen à ce qui a été décidé ailleurs. Un tel soupçon ne pourrait qu'entamer profondément toute crédibilité démocratique. Le blabla d'une coordination, dont le statut juridique demeure, de manière tout à fait intentionnelle, dans l'approximation, est insuffisant au regard des règles qu'exige l'agir commun de l'Union. Des accords de ce type doivent être légitimés selon les *deux* procédures prévues pour toutes les décisions de l'Union et ne pas seulement reposer sur le seul mode indirect dont relèvent les gouvernements en conseil — ils doivent autrement dit aussi être légitimés par le Parlement européen. Sans cela, la dynamique centrifuge du doigt pointé vers « Bruxelles » ne fera que s'accélérer — la mauvaise méthode agira comme un ferment de division.

Tant que les citoyens européens n'auront en vue, comme interprètes sur la scène européenne, que leurs gouvernements nationaux, ils percevront les processus de décision comme un jeu à somme nulle, dans lequel il s'agit que ceux qui les représentent s'imposent aux autres. Les héros nationaux se battent contre les « autres », qui sont coupables de tout ce que « nous » impose le monstre de Bruxelles et de tout ce qu'il exige de « nous ». Ce n'est qu'en pensant au Parlement de Strasbourg, qu'ils ont élu et qui n'est pas organisé en nations mais en partis, que les citoyens européens pourraient percevoir les tâches de régulation de la politique économique comme des tâches à accomplir en commun.

ET L'AUTRE SOLUTION ?

Une solution alternative plus exigeante consisterait en ce que la Commission mène ces tâches en empruntant la même voie démocratique que la « révision législative ordinaire », qui suppose donc l'accord du Conseil *et* du Parlement. Cela exigerait toutefois un transfert de compétence des États membres vers l'Union, et donc une révision du traité dont l'enjeu serait trop considérable pour qu'il soit réaliste de l'envisager pour l'instant.

On peut estimer vraisemblable, en effet, que *sous certaines conditions* les populations, fatiguées de l'Europe, refuseraient un nouveau transfert de droits souverains, même s'il s'agissait de renforcer l'élément central de l'Union. C'est toutefois une prédiction trop commode pour les élites politiques, qui y trouvent prétexte pour se décharger de leur responsabilité eu égard à l'état pitoyable dans lequel se trouve aujourd'hui l'Union.

L'unification européenne a joui pendant des décennies d'un large assentiment, or si cette adhésion profonde est aujourd'hui en train de s'effondrer, même en République fédérale, cela ne relève pas de la fatalité. Le processus d'unification européenne, qu'on a constamment mené pardessus la tête de la population, est aujourd'hui dans une impasse, parce qu'il ne peut plus être poursuivi sans une transformation du mode d'administration qui a jusqu'ici prévalu, dans le sens d'une plus grande participation de la population. Au lieu d'en prendre acte, les élites politiques se mettent la tête dans le sable. Elles ne veulent pas démordre de leur projet d'élite et continuent de vouloir mettre sous tutelle les citoyens européens en les traitant en personnes mineures. Il y a là de l'effronterie, et je me bornerai à l'expliquer par trois raisons.

LA REDÉCOUVERTE DE L'ÉTAT NATIONAL ALLEMAND

L'unification nationale a déclenché, en Allemagne, un changement de mentalité qui a aussi pénétré (comme le prouvent les enquêtes de sciences politiques) la manière dont s'est comprise elle-même la politique extérieure allemande, l'influençant dans ses options et la déterminant peu à peu à s'autocentrer toujours plus. Depuis les années quatre-vingt-dix, l'Allemagne s'est progressivement perçue comme une « puissance moyenne », dotée de moyens militaires et capable d'être un acteur sur la scène politique mondiale. Cette conscience de soi est en train de prendre le pas sur la culture de la retenue, qui avait été favorisée jusque-là et mettait en avant la puissance civile voulant avant tout contribuer à la juridicisation du système de la concurrence effrénée entre États. Ce changement est aussi perceptible dans la politique européenne, en particulier depuis le changement de gouvernement de 2005. L'idée de Genscher de la « vocation européenne » d'une Allemagne tout entière consacrée à la coopération est en train de s'aiguiser toujours plus pour se faire désormais revendication ostensible du leadership d'une « Allemagne européenne dans une Europe frappée au coin de l'Allemagne ». Ce n'est pas que l'unification de l'Europe n'ait été, dès le début, dans l'intérêt allemand. Mais la conscience d'un héritage historique et moral contraignant plaidait pour la retenue diplomatique et pour la disponibilité, que ce soit dans l'adoption aussi des perspectives d'autrui, dans la volonté de faire peser les points de vue normatifs ou dans le travail de prévention de possibles conflits.

Il se peut, pour Angela Merkel, que cette manière de voir joue encore un rôle dans le rapport à Israël. Mais le primat des considérations nationales ne s'était encore jamais manifesté avec tant de splendeur que dans la résistance opiniâtre d'une Chancelière qui, avant sa débâcle du 8 mai 2010, bloqua pendant des semaines l'aide européenne à la Grèce et le parachute de secours pour l'euro. L'actuel paquet de mesures a d'ailleurs été ficelé avec si peu de sensibilité par l'enfant modèle de la politique économique que ce n'est plus « Bruxelles » que les pays voisins vont montrer du doigt à la première occasion, mais le modèle politique « allemand » qu'ils ne veulent pas se laisser imposer. Un autre exemple du changement de mentalité néo-allemand nous est livré par le jugement europhobe que rendit, à propos du traité de Lisbonne, le Tribunal constitutionnel fédéral, lequel s'érige en gardien de l'identité nationale et s'oppose à toute volonté d'intégration ultérieure en établissant de manière arbitraire des compétences nationales qu'il décrète immuables. Des spécialistes de droit public ont d'ailleurs excellemment commenté ce jugement dans un article intitulé : « Le Tribunal constitutionnel allemand dit : "Oui à l'Allemagne !" »[4]

UN OPPORTUNISME COMMANDÉ PAR LES SONDAGES

La nouvelle normalité allemande n'explique pas que, jusqu'ici, dans tous les États membres, chaque élection européenne, mais quasiment aussi chaque référendum ayant trait à l'Europe, n'ait jamais donné lieu à des campagnes portant sur autre chose que des questions ou des listes à vocation nationale. Les partis politiques évitent naturellement de mettre en avant les questions impopulaires. D'un côté, c'est très commun : l'objectif des partis politiques est de gagner les élections. Mais d'un autre côté, le fait que depuis des décennies les élections européennes sont dominées par des questions et des personnes qui ne sont pas du tout à la mesure de l'enjeu du scrutin en question n'est, en revanche, absolument pas commun. Les citoyens se méprennent sur la pertinence de l'événement, parce que subjectivement Strasbourg et Bruxelles sont loin ; soit, mais, de ce fait, se crée précisément à leur égard une obligation, à laquelle les partis politiques ne se soustraient pas moins autant qu'ils le peuvent.

Il semble, à vrai dire, que la politique aujourd'hui, de manière générale, soit en train de passer à un état d'agrégation qui se caractérise par le renoncement à toute perspective ou à toute volonté de construction. La complexité croissante des matières qui ont besoin d'être régulées impose de réagir à très court terme et avec des latitudes d'action de plus en plus réduites. Mais, comme s'ils reprenaient à leur compte le point de vue de la théorie systémique et qu'ils aient décidé de tomber les masques, les dirigeants politiques obéissent sans vergogne à l'opportunisme d'une pragmatique du pouvoir commandée par les sondages, débarrassée de toute obligation et de tout engagement normatif. Le moratoire nucléaire de Merkel n'en est que l'exemple le plus révélateur. Et ce n'est pas Guttenberg[5], mais la chef de gouvernement elle-même qui « a amené la moitié de la République et presque toute la CDU à mentir » (ce sont les mots de la *Frankfurter Allgemeine Zeitung*), lorsque, compte tenu de sa popularité, elle a maintenu en fonction le plagiaire publiquement démasqué. Par un froid calcul, et pour empocher quelques gros sous qu'elle n'avait encore pu rafler dans les urnes, elle a prélevé sa dîme sur l'esprit qu'impose le service de l'État. Et, pardessus le marché, on a convoqué le ban et l'arrière-ban, avec clairons et trompettes, pour mieux sceller la normalité de la pratique.

Il y a derrière cela une compréhension de la démocratie que le *New York Times*, au lendemain de la réélection de George W. Bush, avait ramassée en une formule : *post-truth democracy*[6] — quand le formalisme démocratique ne repose plus sur la vérité. Dans la mesure où la politique fait dépendre toute son action de son synchronisme avec une humeur ambiante que, d'élection en élection, elle escorte, convoiteuse et servile, le processus démocratique perd tout son sens. Une élection démocratique n'est pas là pour simplement permettre la projection de l'éventail spontané des opinions ; elle doit restituer ce qui résulte du processus public au cours duquel l'opinion s'est formée. Les voix données dans l'isoloir ne restituent le poids institutionnel de la codétermination démocratique que si elles sont corrélées aux opinions articulées publiquement et *formées* dans un échange communicationnel de prises de position, d'informations et de raisons en pertinence avec les questions en débat. C'est pour cette raison que la

Loi fondamentale privilégie, dans son article 21, les partis « qui contribuent à la formation de la volonté politique du peuple ». Il en est de même pour l'Europe ; elle ne revêtira aucun caractère démocratique tant que les partis politiques éviteront avec soin de *mettre tout simplement en débat* les solutions alternatives qui pourraient faire pièce aux décisions qui vont trop loin.

LE MALAISE QUE SUSCITE LA CLASSE POLITICO-MÉDIATIQUE

Les médias ne sont pas étrangers au regrettable changement de forme que subit la politique. D'un côté, les dirigeants politiques ne résistent guère à la douce contrainte de médias les invitant à se mettre eux-mêmes en scène, fût-ce sans la moindre originalité. De l'autre, les programmateurs des médias sont eux-mêmes pris au piège de cet emballement qu'ils suscitent et qui s'empare de la moindre occasion. Le plus souvent, les joyeux (joyeuses) modérateurs (modératrices) des nombreux talk-shows mettent plus ou moins en forme, avec toujours les mêmes comparses, un brouet d'opinions qui ôte au dernier spectateur tout espoir que puissent encore exister, en politique, des *raisons* qui *importent.* Mais il arrive aussi qu'il en aille autrement, comme en témoigne le « Club de la presse » de la chaîne ARD [N.d.T. : réseau des télévisions publiques].

Certes, pour autant que je puisse en juger, si nous comparons notre presse de qualité à celle des autres pays, nous ne sommes pas si mal lotis. Mais même ces médias de référence ne sortent pas intacts de la *promiscuité* qu'entretient avec la classe politique la classe médiatique — qui retire, en outre, une grande fierté de cet adoubement. Nous en avons l'exemple lorsqu'un grand hebdomadaire « libéral », réputé pour son sérieux[7], se met à applaudir de manière ahurissante la Chancelière qui berlusconise la culture politique du pays dans l'affaire Guttenberg. En outre, si cette presse voulait faire contrepoids à une politique dépourvue de perspectives, il faudrait que, dans le choix de ses sujets, elle ne se laisse pas imposer la cadence de l'actualité au jour le jour. Elle traite, par exemple, la gestion de la crise de l'euro comme un sujet économique très spécialisé, moyennant quoi, quand les rédactions politiques daignent, de loin en loin, aborder les conséquences de la crise sur les réformes qu'il s'agirait de réaliser pour l'UE dans son ensemble, le contexte est absent.

La redécouverte de l'État national allemand, la manière nouvelle de faire de la politique — à courte vue et sans boussole — et la promiscuité de la classe politico-médiatique sont peut-être les raisons expliquant que, pour un projet aussi ambitieux que l'unification européenne, la politique soit à bout de souffle. Mais peut-être a-t-on tort de regarder vers le haut, vers les élites et les médias. Peut-être que les motivations qui manquent jusqu'ici ne peuvent venir que du bas, de la société civile elle-même. La sortie du nucléaire fournit un bon exemple de ce que, sans l'opiniâtre travail de taupe des mouvements sociaux, les évidences politico-culturelles ne bougent pas, ni, par conséquent, les paramètres de la discussion publique.

D'OÙ DOIVENT VENIR LES MOBILES ?

On ne peut pas dire qu'un mouvement social en faveur de l'Europe soit dans l'air en ce moment. En revanche, on constate quelque chose d'autre — une morosité à l'égard de la politique, dont les causes ne sont pas claires. Les diagnostics courants établissent un lien entre le malaise et les traits de caractère ou de style des personnalités qui sont célébrées — qu'on voie en elles des contre-figures ou des figures d'avenir. Ainsi, nos concitoyens apprécieraient chez le « débutant » Gauck[8], l'aspect anguleux hérité de sa vie de résistant, chez le communicateur Guttenberg, l'éloquence et l'éclat propre au savoir-être élégant, et chez le médiateur Geißler[9] le côté retors du vieux renard sympathique — bref, dans tous les cas, des qualités pittoresques qui écartent les trop sages gestionnaires de la routine politique. Mais cet engouement antipolitique pour ce qui est censé se situer au-dessus des partis pourrait fort bien n'être qu'un exutoire à une tout autre colère — la consternation face au *manque d'exigence politique.*

Par le passé, il a toujours été possible de lier les politiques des différents gouvernements fédéraux à une perspective d'accomplissement : pour Adenauer, il fallait ancrer la République fédérale à l'Ouest ; pour Brandt, il fallait définir une politique vers l'Est (*Ostpolitik*) et le tiers-monde ; pour Schmidt, relativiser le destin de la petite Europe à partir de l'économie mondiale ; pour Kohl, intégrer l'unification nationale et l'unification européenne. Tous voulaient encore quelque chose ! Schröder déjà était plus dans la réaction que dans la construction, mais, quand même, Joschka Fischer voulait aboutir à une décision sur la *finalité*[10], ou au moins sur la direction que devait prendre l'unification européenne. Depuis 2005, tout contour a disparu. Il est devenu impossible de discerner ce dont il s'agit, et s'il s'agit d'autre chose que de gagner la prochaine élection. Les citoyens sentent que cette politique dépourvue de tout axe normatif les *prive* de quelque chose. Or c'est le sentiment de ce déficit qui s'exprime, tant dans le rejet de la politique organisée, que dans cette nouvelle disposition de la base à s'exprimer par la manifestation — et dont « Stuttgart 21 » serait le mot de passe[11]. Pourtant, pour l'un ou l'autre parti politique, cela pourrait valoir la peine de se retrousser les manches et d'aller à l'offensive, sur les places de marché, en faveur de l'unification européenne.

L'abandon des « grands » projets ne nous avance guère. La communauté internationale ne peut pas se soustraire au changement climatique, aux risques planétaires du nucléaire, au besoin de régulation d'un capitalisme aux mains des marchés financiers ou à la nécessité de mettre en œuvre les droits de l'homme au niveau international. Et, face à l'ordre de grandeur de tels problèmes, la tâche que nous avons à accomplir en Europe reste d'une taille qui permet encore qu'on puisse à peu près l'embrasser du regard.

Avril 2011

DEUXIÈME PARTIE

SUR LA CONSTITUTION DE L'EUROPE

Chapitre IV

LA CRISE DE L'UNION EUROPÉENNE À LA LUMIÈRE D'UNE CONSTITUTIONNALISATION DU DROIT INTERNATIONAL

UN ESSAI SUR LA CONSTITUTION DE L'EUROPE[1]

POURQUOI L'EUROPE EST AUJOURD'HUI PLUS QUE JAMAIS UN PROJET CONSTITUTIONNEL

Il n'est pas rare, dans la crise actuelle, d'entendre poser la question suivante : pourquoi faudrait-il, après tout, perpétuer l'Union européenne et poursuivre ce vieil objectif d'une « union politique toujours plus étroite », dès lors que le mobile qui y a présidé — rendre impossible la guerre en Europe — est devenu caduc ? Il y a à cette question plus d'une réponse possible. J'aimerais, dans ce qui va suivre, me placer dans l'optique kantienne d'une constitutionnalisation du droit international[2] — préfigurant pour l'avenir, et bien au-delà du statu quo actuel, un état de droit cosmopolitique[3] ; pour ce faire, je voudrais, à partir de l'hypothèse selon laquelle l'Europe représente un pas décisif sur la voie d'une société mondiale politiquement constituée[4], développer un point de vue qui appréhende et présente l'histoire européenne de manière nouvelle et, je l'espère, convaincante. Certes, sur le chemin laborieux qui a finalement conduit au traité de Lisbonne, beaucoup d'énergie europhile a été engloutie dans ces querelles relatives aux questions de politique constitutionnelle ; mais, indépendamment même des conséquences que l'actuel projet de « gouvernance économique » ne va pas manquer d'entraîner du point de vue du droit constitutionnel, la perspective nouvelle que je propose mérite d'être prise en considération, et ce pour au moins deux raisons. La première raison est que le débat actuel, focalisé sur la recherche d'issues immédiates à la crise des banques, de la monnaie et de la dette, a complètement perdu de vue la dimension politique (1) ; la seconde est que de faux concepts de politique politicienne se mettent en place qui oblitèrent la force humanisante et civilisatrice du droit démocratique — et, du même coup, la promesse qui était attachée, dès le départ, au projet d'une constitution européenne (2).

(1) La focalisation sur des causes présentées comme internes à l'économie est d'autant plus incompréhensible que les économistes eux-mêmes semblent unanimes dans le diagnostic de la cause profonde de la crise : la crise est venue de ce que l'Union européenne n'avait pas la compétence pour imposer une nécessaire harmonisation des économies nationales qui, emportées par leur propre dérive, voient leurs compétitivités s'éloigner dangereusement les unes des autres. Certes, dans l'immédiat, la crise actuelle retient toutes les attentions[5]. Toutefois, les acteurs ne devraient pas oublier les vices de construction à la base de l'Union monétaire, l'absence de capacités de pilotage politique au niveau européen ; or ce sont ces erreurs qu'il importe de réparer à plus longue échéance. Le « pacte pour l'euro »[6] perpétue une vieille erreur : non contrai-

gnants juridiquement, les accords passés en petit comité entre les chefs d'État et/ou de gouvernement sont soit inefficients[7], soit non-démocratiques ; il faut, par conséquent, les remplacer par une institutionnalisation des décisions communes qui soit démocratiquement irréprochable[8]. Pour avoir trop longtemps voulu ignorer la seule issue constructive — qu'entre-temps même la *Frankfurter Allgemeine Zeitung* a été capable de résumer en trois mots : « Plus d'Europe » —, le gouvernement fédéral allemand est devenu un accélérateur de désolidarisation à l'échelle européenne. Tous les gouvernements concernés ont jusqu'ici manqué de courage ; pris en porte-à-faux entre, d'un côté, les impératifs des grandes banques et des agences de notation, et, de l'autre, la crainte de voir leurs propres populations excédées les priver sans tarder de toute légitimité, ils gesticulent d'impuissance. Se réfugier, sans boussole, dans la politique des « petits pas » ne trahit jamais qu'une seule chose : l'absence de toute perspective d'envergure.

Depuis qu'est révolue l'époque du capitalisme « intégré » (*embedded capitalism*) et que les marchés mondialisés se sont hâtés de mettre, entre eux et la politique, la plus grande distance possible, il est devenu de plus en plus difficile pour les pays de l'OCDE de stimuler la croissance économique en veillant en même temps à ce qu'une large part de la population bénéficie non seulement d'une sécurité sociale mais encore d'une répartition à peu près équitable des revenus. Après l'abandon du contrôle des changes, ces pays avaient endigué le problème en s'accommodant de l'inflation, une politique qui se révéla d'un coût social élevé et qui les conduisit à choisir comme autre issue le financement croissant des budgets publics par le crédit. Les tendances budgétaires étant statistiquement bien documentées par décennies, il apparaît pourtant que, dans la plupart des pays de l'OCDE, les inégalités et l'insécurité sociales ont néanmoins augmenté, quand bien même les gouvernements ont pu, en faisant croître en flèche l'endettement des États, satisfaire leur besoin de légitimité. La crise financière qui dure depuis 2008 a mis aussi un coup d'arrêt à ce mécanisme. En attendant, on ne voit pas bien comment les politiques d'austérité (*austerity policies*), sans compter qu'elles passent mal en politique intérieure, pourraient être rendues compatibles à longue échéance avec le maintien de l'État social à un niveau tolérable. On ferait bien de tirer augure des révoltes de la jeunesse en Angleterre et en Espagne[9] quant aux dangers qui guettent la paix sociale.

Ces circonstances aidant, il a bien fallu reconnaître que le véritable défi était là, dans le déséquilibre entre les impératifs du marché et la capacité de régulation de la politique. Dans la zone euro, un « gouvernement économique » censé donner une nouvelle vigueur à un pacte de stabilité depuis longtemps vidé de sa substance est vaguement envisagé. De son côté, Jean-Claude Trichet[10] réclame pour cette même zone euro un ministère des finances commun, mais outre qu'il ne fait aucune mention de la parlementarisation des finances publiques, qui devrait aller de pair avec un tel ministère et être dès lors tout autant exigible, il ne prend nullement en considération le fait que la palette des politiques que la compétitivité implique excède de beaucoup la politique fiscale et s'ingère dans le droit budgétaire, censé être du ressort des seuls Parlements nationaux. Quoi qu'il en soit, et fût-ce à la faveur d'une ruse de la (dé-)raison économique, la question de l'avenir de l'Europe est redevenue une priorité de l'agenda politique. Wolfgang Schäuble[11], le dernier « européen » notoire du gouvernement Merkel, sait fort bien qu'un transfert de compétence du niveau national au niveau européen poserait des problèmes de légitimité démocratique. Or l'élection directe du président de l'Union européenne, pour laquelle il plaide depuis longtemps, ne serait guère plus qu'une feuille de vigne vouée à masquer l'entreprise d'auto-habilitation technocratique qu'un Conseil européen à dix-sept, déterminé à gouverner à coup de décisions informelles, au mépris des traités, est en train de mettre en place.

Ce qui se reflète dans cette manière d'envisager ce type particulier[12] de « fédéralisme exécutif », c'est la crainte des élites politiques d'inverser les pôles et de permettre que le projet européen, jusque-là négocié à huis clos, le soit désormais au grand jour, sur le mode informel d'un conflit d'opinions se déroulant dans le bruit et la fureur des arguments. Les problèmes pesant alors de toute leur masse, on peut espérer que les politiques, nous épargnant les si et les mais, mettraient enfin leurs cartes européennes sur la table et expliqueraient à la population, avec toute la combativité requise, quelle est la part des coûts à brève échéance et quelle est celle du véritable profit — autrement dit quelle est la signification historique du projet européen. Pour cela, il faudrait, bien entendu, qu'ils surmontent leurs craintes des sondages et des supposés changements d'humeur de l'opinion publique, et ne se fient qu'à la force de conviction des bons arguments. Or tous les gouvernements impliqués ont renâclé devant l'obstacle, et, jusqu'ici, tous les partis politiques aussi. Nombre d'entre eux ont préféré caresser dans le sens du poil un populisme qu'ils avaient eux-mêmes nourri en embrumant un sujet qu'ils savaient complexe et mal-aimé. Bref, au moment de passer d'une union économique à une union politique, la politique précisément retient son souffle et rentre la tête dans les épaules. On peut donc se demander quelle source d'effroi la paralyse ainsi.

Une réponse tend encore à prévaloir aujourd'hui, qui se place dans une perspective héritée du XIXe siècle ; c'est la fameuse thèse du « *no demos* » : il n'existerait pas de peuple européen, par conséquent, une union politique digne de ce nom ne peut qu'être bâtie sur du sable[13]. À cette façon de voir, je voudrais en opposer une autre qui me semble meilleure : la persistance, dans le monde et en Europe, d'une fragmentation politique est en contradiction avec la consolidation systémique d'une société mondialisée multiculturelle, et interdit que des progrès soient accomplis, qui permettraient que, par le droit constitutionnel, les rapports de force, tant au niveau étatique que social, se civilisent et s'humanisent (*Zivilisierung der staatlichen und gesellschaftlichen Gewaltverhältnisse*)[14].

(2) J'aimerais en un premier temps rappeler, à travers une rapide rétrospective, que les rapports qu'entretiennent le droit et le pouvoir sont précaires et que c'est en cela que le droit posé démocratiquement a des vertus humanisantes et civilisatrices. Dès qu'est apparue la force étatique avec les premières grandes civilisations, l'exercice du pouvoir politique a pris les formes du droit[15]. Le « couplage » du droit et de la politique est donc aussi ancien que l'État lui-même. Ceci étant, le droit joua pendant des siècles un rôle ambivalent : il servit de moyen d'organisation à un pouvoir exercé de manière autoritaire en même temps que de source indispensable de légitimation aux dynasties régnantes. Si l'ordre juridique devint stable à travers le pouvoir de sanction de l'État, l'exercice du pouvoir politique en revanche dut se nourrir, pour être accepté comme juste, de la force légitimante d'un droit sacré qu'il

ne faisait qu'administrer. C'est originellement par communication avec les puissances mythiques, puis plus tard par invocation d'un droit naturel religieux que l'aura du sacré se transmettait au droit et au pouvoir judiciaire. Une différenciation, néanmoins, s'était produite dans l'empire romain, qui avait vu le médium du droit se distinguer de l'éthos de la société. Ce fut là ce qui permit au droit de faire valoir progressivement son caractère propre ; quand l'exercice du pouvoir fut tout à fait canalisé par le médium juridique, il s'avéra qu'il s'était produit un effet de rationalisation[16].

Pour que la légitimation de l'exercice du pouvoir ait pu dépendre, par les voies institutionnelles du droit, de l'approbation des sujets qui lui étaient soumis, il fallait encore, il est vrai, que la force étatique se fût sécularisée et que le droit eût été progressivement rendu positif. Ce n'est qu'à cette condition que pouvait s'imposer la juridicisation démocratique *de l'exercice* du pouvoir politique, qui nous intéresse ici. C'est d'elle, en effet, que découlent les vertus non seulement de *rationalisation*, mais encore d'*humanisation civilisatrice*, car c'est elle qui ôte à la force étatique son caractère autoritaire et qui transforme, de ce fait, l'état d'agrégation[17] même du politique. Carl Schmitt a, en tant que théologien politique, observé avec la plus grande défiance cette tendance à l'humanisation civilisatrice, parce qu'en assouplissant le noyau autoritaire au cœur de l'exercice du pouvoir elle lui subtilisait également son aura sacrée[18]. Schmitt conçoit en effet la « substance » du « politique » comme la capacité dont fait preuve un pouvoir juridiquement constitué à s'affirmer lui-même, sans qu'aucune entrave normative ne puisse le brider.

Cette substance, selon Schmitt, était encore manifeste, aux premiers temps de la modernité, dans la lutte des

États souverains contre leurs ennemis extérieurs et intérieurs. Elle n'a commencé à véritablement se désagréger qu'avec les révolutions constitutionnelles du XVIIIe siècle, et donc d'abord de l'intérieur des États. L'État constitutionnel transforme le bourgeois en citoyen démocratique ; il ne connaît plus d'« ennemis intérieurs », seulement des malfaiteurs de droit commun — même dans la lutte contre le terrorisme[19]. Les relations de l'État souverain à son environnement extérieur étaient toutefois « épargnées », puisqu'elles continuaient d'échapper, pour quelque temps encore, aux entraves normatives de la juridicisation démocratique[20]. Il n'est pas nécessaire de partager le jugement pour en apprécier à sa juste valeur le contenu descriptif ; il suffit, pour en tirer parti, de sortir le « politique » du brouillard dans lequel le maintiennent ces anti-Lumières en mal d'aura, et de le placer au cœur d'un pouvoir de décision et d'édification démocratiquement juridicisé.

Ce n'est qu'après l'échec de la Société des Nations et depuis la fin de la Seconde Guerre mondiale que, au-delà des tentatives timides qui avaient visé à circonscrire la souveraineté des États (du moins *in bello*[21]), une juridicisation a été introduite — tant avec la fondation de l'ONU qu'avec les débuts du processus d'unification européenne[22]. On peut décrire le processus d'humanisation civilisatrice qui se poursuit dans ces tendances, qui elles-mêmes s'accélèrent depuis la fin de la guerre froide, de deux points de vue complémentaires ; on peut adopter un point de vue immédiat pour souligner que la domestication de la violence interétatique s'oriente vers une pacification des États ; on peut aussi adopter un point de vue médiat et observer que, au-delà du besoin de réfréner l'anarchie qui règne dans la concurrence pour le pouvoir et de la nécessité d'une meilleure coopération entre les États, la pacification permet la mise en place de capacités d'action supranationales nouvelles. Or ce n'est qu'avec de nouveaux moyens de régulation transnationaux de ce type que l'on peut envisager de contenir la violence *sociale* qui se déchaîne elle aussi transnationalement, avec la brutalité des éléments naturels — je veux parler des contraintes systémiques qui n'ont que faire des frontières nationales (et qui, aujourd'hui, émanent avant tout du secteur bancaire mondialisé)[23].

Naturellement, l'évolution qu'a connue jusqu'ici le droit n'a été ni pacifique ni linéaire. Si, d'une manière générale, nous voulons parler de ses acquis en nous en tenant à cette seule dimension — à l'instar de Kant considérant les conséquences de la Révolution française[24] —, les « progrès dans la légalité » ne furent jamais que des conséquences incidentelles de luttes de classes, de conquêtes impérialistes, d'atrocités colonialistes et de guerres mondiales, de crimes contre l'humanité, de destructions postcoloniales et de déracinements culturels. Mais plaçons-nous dans la dimension du changement constitutionnel ; sous nos yeux, des innovations s'y sont produites et engagées qui méritent toute notre attention. Deux d'entre elles nous éclairent sur la possibilité d'une transnationalisation de la souveraineté populaire sous la forme d'une fédération démocratique d'États nationaux. L'une en effet permet que les États nationaux se soumettent au droit posé supranationalement ; l'autre que l'ensemble des citoyens de l'Union partage le pouvoir constituant avec un nombre défini d'« États constituants », mandatés par leur peuple pour coopérer à la fondation d'une entité supranationale commune.

Quand on adopte ces différents angles pour observer le développement de l'Union européenne, il apparaît alors que la voie vers une Europe démocratique légitimée et capable d'action politique (quitte à commencer par le « noyau dur européen ») n'est pas du tout bloquée. Avec le traité de Lisbonne, la plus longue partie du chemin a déjà été accomplie. Le rôle civilisateur et humanisant de l'unification européenne est sur le point d'être désormais pris en compte grâce à un cosmopolitisme en pleine expansion. Dans la dernière partie, j'aimerais donc embrayer sur ces tendances du droit international qui ont à la fois travaillé à la prohibition du recours à la force et à la fondation de l'ONU et de sa politique des droits de l'homme. Je tenterai d'assembler les différentes pièces du puzzle me permettant de construire l'image d'un ordre constitutionnel mondial.

L'UNION EUROPÉENNE À L'ÉPREUVE DU CHOIX ENTRE UNE DÉMOCRATIE TRANSNATIONALE ET UN FÉDÉRALISME POSTDÉMOCRATIQUE DE L'EXÉCUTIF

La densité du réseau des organisations supranationales suscite, depuis longtemps déjà, une inquiétude : que le lien essentiel qui associe, sous la tutelle de l'État national, les droits fondamentaux et la démocratie ne soit détruit, et que les souverains démocratiques ne se trouvent dépossédés par des pouvoirs exécutifs qui œuvrent pour leur propre compte à l'échelle mondiale[25]. Sous cette crainte, deux ordres de questionnement s'enchevêtrent. D'un côté, il y a une question empirique légitime ; elle naît d'un constat : la dynamique économique de la société mondialisée n'a cessé de creuser, depuis maintenant plusieurs décennies, un déficit démocratique déjà présent antérieurement — la concision qui m'est imposée ici ne me permettra pas de prendre position sur ce problème[26]. De l'autre, c'est plutôt d'une thèse que se nourrit la crainte, celle selon laquelle une transnationalisation de la souveraineté populaire serait impossible sans abaissement du niveau de légitimation. C'est une thèse que professent les eurosceptiques pour étayer leur défaitisme politique, et je voudrais m'y confronter à la lumière précisément de l'exemple offert par l'Union européenne.

Pour cela, je vais devoir d'abord débloquer un verrou mental ; le plus souvent, on suggère, en effet, que la souveraineté du peuple dépendrait conceptuellement de la souveraineté de l'État ; or, ce faisant, on bloque la pensée en lui interdisant toute ouverture d'avenir. J'aimerais alors proposer une manière de concevoir la transnationalisation de la souveraineté populaire qui s'appuie sur trois variables, qui de fait ne s'ajustent parfaitement que dans le cadre national. Ces trois composantes sont : d'abord, la communautarisation démocratique de personnes juridiques libres et égales ; puis l'organisation de capacités d'action collectives ; et, enfin, l'existence d'un médium d'intégration, d'une solidarité entre personnes non unies par un lien social ou naturel préalable (*Fremden*[27]) : la solidarité civique. Au niveau européen, ces composantes entrent dans une configuration nouvelle allant de pair avec les deux innovations remarquables évoquées plus haut, à savoir : d'une part, les États membres, tout en conservant leur monopole de la force, se soumettent — à une condition qui est d'ailleurs intéressante — au droit supranational ; d'autre part, ils partagent en un certain sens leur « souveraineté » avec l'ensemble des citoyens de l'Union. Les composantes nécessaires à toute entité démocratique commune se sont donc reconfigurées pour prendre la forme d'une fédération désétatisée sans que cela implique une quelconque perte de légitimité, puisque les citoyens d'Europe ont de bonnes raisons de considérer que leur propre État national *continuera* de jouer, dans son rôle d'État membre, *sa partition constitutionnelle* de garant du droit et de la liberté. Ce qui, en revanche, serait alors indispensable, c'est que « le partage de souveraineté » entre les citoyens de l'Union européenne et les peuples d'Europe soit transposé et donne lieu, en conséquence, à un partage du pouvoir législatif en même temps qu'à une symétrisation de la responsabilité de la Commission, à la fois devant le Conseil et devant le Parlement. Pour conclure, je reviendrai enfin sur la question des frontières dans la solidarité civique, qui, à l'occasion de la crise actuelle, prend un caractère saillant évident.

Contre une réification de la souveraineté du peuple

Encore faut-il, pour pouvoir clairement envisager la possibilité de découpler processus démocratique et État national, que nous définissions ce que nous entendons par démocratie. L'autodétermination démocratique implique que ceux à qui s'adressent des lois contraignantes en soient en même temps les auteurs. Dans une démocratie, les citoyens sont uniquement soumis aux lois qu'ils se sont eux-mêmes données au moyen d'un processus démocratique[28].

Ce processus doit sa force légitimante, d'une part, à l'inclusion (si médiatisée soit-elle) de tous les citoyens aux processus de décision politique et, d'autre part, au couplage des décisions à la majorité (éventuellement qualifiée) avec une formation délibérative de l'opinion. Une telle démocratie transforme, en effet, l'usage civique des libertés communicationnelles en autant de forces productives qui font qu'*une société civile politiquement organisée peut agir sur elle-même* de manière légitime, c'est-à-dire d'une manière qui est effective et qui généralise en même temps les intérêts. L'action coopérative des citoyens sur les conditions sociales de leur existence ne devient cependant effective que si un État dispose d'une latitude d'action qui puisse répercuter cette action coopérative dans l'aménagement politique des conditions de vie.

Il existe donc bien un lien conceptuel entre souveraineté du peuple et souveraineté étatique. Mais, face à une complexification croissante et politiquement non régulée de la société mondiale — complexification qui impose des restrictions systémiques à la latitude d'action des États nationaux —, il y va du sens normatif de la démocratie elle-même que les capacités politiques d'action puissent être étendues au-delà des frontières nationales. Certes, les États ont tenté de compenser partiellement les pertes de capacité qu'ils ont éprouvées dans leur traitement des problèmes en sollicitant l'aide des organisations internationales[29], mais, même s'il est entièrement fait abstraction du problème que pose l'asymétrie des pouvoirs dans l'organisation du régime de la plupart des traités internationaux, les États impliqués, dès lors qu'ils sont démocratiquement constitués, paient ce régime fondé sur l'intergouvernementalité d'un effondrement de leur niveau de légitimité. Sans doute les gouvernements représentés dans les organisations internationales sont-ils eux-mêmes élus démocratiquement, mais cela ne suffit pas à compenser les dommages produits[30]. Il s'ensuit que, les fonctions dévolues à l'État national étant petit à petit transférées à un niveau de gouvernance transnationale, le pouvoir des organisations internationales s'accroît au détriment du processus démocratique qui légitime les États nationaux.

Si l'on ne veut pas se résigner à cette situation — et comme, de toute façon, on ne peut que reconnaître l'irréversibilité de la soumission des États nationaux aux contraintes systémiques d'une société mondialisée toujours plus interdépendante —, la seule nécessité politique qui s'impose est d'élargir le processus démocratique au-delà des frontières nationales. C'est une nécessité qui découle de la logique d'action sur soi que met en œuvre la société civile démocratique afin d'agir sur ses conditions d'existence : « Si un système est d'autant plus démocratique que, dans les affaires jugées importantes par ses citoyens eux-mêmes, il peut leur offrir une plus grande possibilité de se gouverner eux-mêmes, alors, dans bien des cas, un système plus grand sera plus démocratique qu'un petit parce que sa capacité à maîtriser certaines tâches — qu'on pense à la défense du territoire ou à la lutte contre la pollution — sera tout simplement plus grande. »[31] Il reste que, ce disant, on n'a toujours pas fait litière du doute qui pèse tout simplement sur la possibilité de transnationalisation de la souveraineté du peuple[32]. Certes, si la logique démocratique est soumise à de nouvelles conditions, les impératifs qui en découlent peuvent toujours achopper sur la réalité. Mais c'est surtout d'un malentendu collectiviste qui amalgame souveraineté du peuple et souveraineté étatique, que se nourrit le scepticisme le plus réfractaire à une juridicisation démocratique du pouvoir politique au-delà des frontières nationales. Ce malentendu, qu'on le prenne dans sa version communautariste et libérale ou dans sa version conservatrice et nationaliste, est dû dans tous les cas à la surgénéralisation de ce qui n'a été qu'une configuration historique fortuite, c'est ce qui le conduit à négliger le fait que, forgée dans le contexte particulier de l'Europe du XIXe siècle, la conscience d'une identité rapportée à une nation repose en fait sur un artifice et n'est en rien immuable[33].

Des citoyens qui s'associent dans une élection démocratique pour autoriser certains d'entre eux à agir pour tous prennent sans aucun doute part à une pratique *commune.* Pour autant, les décisions prises démocratiquement ne peuvent être tenues pour des décisions émanant d'un collectif qu'en vertu d'*une généralisation distributive.* Ces décisions émanent en effet d'une pluralité de prises de position individuelles, générées et transformées au moyen des règles démocratiques. Elles sont donc le résultat des processus pluralistes qui conduisent à la formation de l'opinion et de la volonté ; pour y voir l'expression d'une volonté populaire souveraine s'autorisant elle-même à agir, il faut l'interpréter dans une perspective collectiviste. Et ce n'est qu'au prix d'une telle singularisation réifiante que la souveraineté du peuple peut être présentée *comme le revers* de la souveraineté étatique. Elle apparaît alors comme l'image spéculaire de la souveraineté d'un État doté, au sens du droit international classique, du *jus ad bellum*[34] et jouissant par conséquent d'une liberté d'action illimitée — autrement dit, limitée par les seules décisions de sujets de droit international qui sont en concurrence avec lui[35]. Dans une telle perspective, l'idée de souveraineté du peuple trouve dans la souveraineté externe de l'État son accomplissement, puisque, dans ses actions, les citoyens peuvent en quelque sorte se regarder comme les membres d'un collectif politique agissant en commun[36].

Il est vrai que la liberté républicaine, le service militaire universel et le nationalisme ont tous trois pour origine historique la Révolution française. Mais la puissance suggestive de la figure de pensée qui instaure un lien de cohérence *fort* entre l'autodétermination démocratique à l'intérieur et la souveraineté étatique vers l'extérieur ne doit pas être généralisée au-delà de ce contexte historique. La *liberté d'action* que le droit international classique garantit aux États est en effet d'une autre nature que l'*autonomie sous les « lois de la liberté »* (Kant) dont les citoyens peuvent faire usage dans l'État constitutionnel. Alors que la souveraineté extérieure de l'État est pensée sur le modèle du libre arbitre, la souveraineté du peuple s'exprime dans une législation qui s'universalise par la voie démocratique et garantit à tous les citoyens les mêmes libertés. Le concept de « libre arbitre » est un concept essentiellement différent de celui de « liberté légale ». C'est pour cette raison que la limitation de la souveraineté nationale au bénéfice d'un transfert des droits souverains à des instances supranationales ne *doit* être en aucun cas acquise au prix d'une atteinte portée aux droits qui confèrent aux citoyens le statut de personnes majeures, en capacité et en responsabilité. Or un tel transfert prolongera le type de constitutionnalisation du pouvoir étatique auquel les citoyens doivent déjà leurs libertés au sein de leur État national, *si, et seulement si, il laisse le processus démocratique intact.*

C'est une bonne chose, bien sûr, que les compétences que l'État national délègue aux instances supranationales, ou celles qu'il partage avec elles, puissent être de toute façon encadrées juridiquement, notamment dans les régimes des traités internationaux, mais encore faut-il qu'elles le soient de manière *démocratique*. Dans le cas d'un transfert des droits de souveraineté, la latitude qui doit être laissée à l'autonomie des citoyens n'est pas restreinte si les citoyens d'un quelconque État concerné, en coopération avec les citoyens des autres pays impliqués, participent bel et bien, *selon un processus démocratique*, à la législation supranationale[37]. Le seul accroissement du territoire, et donc l'augmentation purement numérique de la population dans son ensemble, renforce la complexité, mais non nécessairement la qualité du processus de formation de l'opinion et de la volonté. Mais dès l'instant où les modifications quantitatives, qu'elles soient d'ordre social ou spatial, laissent le processus lui-même intact, dès lors qu'elles ne perturbent pas la délibération et l'inclusion, on ne peut parler d'une limitation de la souveraineté populaire[38].

Le réseau international qui s'est à présent créé ne pourra donc se démocratiser que si est établie la possibilité d'ajuster, dans un autre agencement que celui pratiqué dans l'État national, les composantes que les démocraties nationales nous ont donné à connaître, et ce sans perte de légitimation. De ce point de vue, le test auquel doit présentement se soumettre l'Union européenne est instructif. Ce sont en effet la volonté et la capacité des citoyens, des élites politiques et des mass-médias de franchir le pas de plus qui conduit à l'intégration, qui sont mises à l'épreuve — c'est aussi par là même un test de leur volonté et de leur capacité d'humaniser et de civiliser un peu plus l'exercice du pouvoir politique (*Herrschaft*).

La première innovation : la primauté du droit supranational sur le droit national des monopoles de la force

L'Union européenne ne pourra se stabiliser à long terme que si, sous la contrainte des impératifs économiques, elle franchit les étapes nécessaires à la coordination d'une politique à la mesure de ces impératifs ; encore faut-il qu'elle abandonne le style gubernativo-bureaucratique qui a été jusqu'ici le sien pour s'engager dans la voie d'une juridicisation démocratique suffisante. Cependant, tant que nous oscillons conceptuellement entre la fédération d'États et l'État fédéral, ou tant que nous nous contenterons de refuser l'alternative *sans proposer d'autre choix*, nous pataugerons pour définir les prochaines étapes de notre politique constitutionnelle. Pour pouvoir identifier la part de légitimité qui, pour l'instant, manque encore aux décisions européennes, il nous faut d'abord qualifier précisément la forme que revêt désormais l'Union européenne depuis le traité de Lisbonne[39].

Je distinguerai, à cette fin, trois pierres angulaires[40] qui, d'une manière ou d'une autre, doivent nécessairement être présentes dans l'anatomie de toute entité démocratique commune :

— la communautarisation des personnes juridiques, qui s'allient, sur un espace délimité, pour former une association de citoyens libres et égaux en se ménageant réciproquement des droits qui garantissent à chacun la même autonomie privée et civique ;

— la division des compétences dans le cadre d'une organisation assurant, par des moyens administratifs, aux citoyens associés, la capacité d'agir collectivement ; et

— le médium d'intégration d'une solidarité civique, qui peut s'inscrire dans un cadre étatique ou supra-étatique, mais est nécessaire à la formation d'une volonté politique commune et, par là même, à la production communicationnelle d'un pouvoir (*Macht*) démocratique et à la légitimation de l'exercice du pouvoir (*Herrschaft*)[41].

Si l'on se place du point de vue du système juridique, on observe que les deux premières composantes sont généralement présentes dans les constitutions : la première, dans la partie qui expose les droits fondamentaux ; la seconde, dans celle qui traite de l'organisation. La troisième composante, en revanche, se réfère au « peuple d'un État » en tant qu'il est fonctionnellement requis pour que puisse se former une volonté démocratique — elle se réfère autrement dit, en premier lieu, aux conditions politico-culturelles préalables à la cohérence communicationnelle d'une sphère publique politique. Toute constitution couplant droit et politique au moyen du médium juridique, il est essentiel, pour différencier la perspective qui relève de la science politique de celle qui relève de la science juridique, d'établir la distinction qui suit. Seule la composante relative à la communautarisation possède *immédiatement* un caractère juridique, parce qu'il faut *d'abord* que la société civile passe par le médium du droit *pour se constituer* ; il ne peut exister d'entité politique commune remplissant les conditions de légitimation démocratique que sous la forme d'une association horizontalement communautarisée de pairs juridiques. La deuxième composante, la composante organisationnelle, règle la manière dont on dispose du pouvoir politique — c'est à ce niveau que les flux du pouvoir administratif (au moyen desquels le système administratif peut échanger avec les autres systèmes sociaux fonctionnels) sont canalisés par le droit. Quant à la troisième composante, enfin, celle qui nous renvoie à un arrière-plan politico-culturel fonctionnellement indispensable à la formation de l'opinion et de la volonté, elle ne peut qu'être présupposée par le droit et, dans le meilleur des cas, requise par des mesures politiques.

Ces trois composantes ne s'assemblent de manière véritablement *congruente* qu'au niveau national, que ce soit dans le cadre d'un État centralisé ou dans celui d'un État fédéral. Dans un tel État constitutionnel, le pouvoir (*Gewalt*) étatique est programmé, via le processus démocratique, dans le langage (et avec la grammaire) des lois universelles et l'est de manière à ce que les citoyens puissent exercer leur contrôle (*Herrschaft*) sur les organes législatifs, exécutifs et judiciaires. Les citoyens d'une entité démocratique commune se soumettent au droit non simplement parce que, de fait, l'État les menace de sanctions ; ils peuvent aussi admettre par principe que le droit est « juste » parce qu'il a été posé de manière démocratique. Cette manière de juridiciser démocratiquement le pouvoir politique en tant qu'il s'exerce (*Herrschaft*) contribue à *l'humaniser et à le civiliser en tant que force* (*Gewalt*) puisque l'exécutif élu par le peuple, même s'il dispose des moyens armés et policiers de la force, doit respecter la Constitution et la Loi. Ce « doit » (*muss*) ne traduit, en aucune façon, une contrainte comportementale qui serait factuellement imposée, mais un « devoir-être » (*Sollen*) normatif qui procède de l'habitus politico-culturel, mais qui pour autant n'a rien d'évident : chaque putsch militaire notoire dans une démocratie de façade, chaque coup d'État soutenu par des élites économiquement puissantes ou socialement influentes le démontrent suffisamment.

L'élément humanisant et civilisateur est donc déjà présent au niveau national puisque l'arbitraire du pouvoir comme force (*Gewalt*) y est subordonné à un droit posé légitimement par (et au nom de) ceux-là mêmes qui sont soumis au pouvoir exercé (*Herrschaft*). Naturellement, il y va du sens de la validité même du droit positif que tout comportement déviant soit sanctionné par l'État. Mais qui sanctionne le monopole de la force lui-même, s'il estime qu'il doit en aller autrement ? Dans le cadre de l'État national, ceux qui détiennent concrètement le monopole de la force et font respecter les lois sont par principe soumis au droit démocratique. Mais alors qu'ici les institutions qui posent et imposent le droit sont des organes *d'un même* État, dans le cadre de l'Union européenne, la production et la mise en application du droit se passent à des niveaux différents. Au premier abord, il semblerait qu'il en soit de même dans les États fédéraux. Dans un système à plusieurs niveaux comme la République fédérale allemande, si le droit fédéral l'emporte sur le droit régional, ce sont bien néanmoins les gouvernements des États régionaux (*Länder*) qui disposent de la force policière (quand bien même ne disposent-ils pas de l'armée fédérale). Il existe pourtant une différence capitale entre un système national à plusieurs niveaux et le système européen.

En règle générale, dans un État national structuré en fédération, la compétence de révision constitutionnelle demeure le privilège de la fédération ; or, dans le système européen à plusieurs niveaux, un primat du droit de l'Union sur celui des États membres s'est consolidé alors qu'aucun organe de l'Union ne disposait d'une compétence à ce niveau[42]. Même si les États membres ne peuvent plus se considérer purement et simplement comme les « maîtres des traités », ce sont eux néanmoins qui doivent se mettre d'accord à l'unanimité pour procéder aux révisions ordinaires des traités. L'entité supranationale commune se constitue par conséquent en tant que communauté de droit et fait respecter la force d'obligation du droit de l'Union, alors même que celle-ci n'est couverte, ni par un monopole de la force, ni par une instance de décision ultime. Un tel arrangement modifie la pondération des masses dans la relation entre pouvoir de sanction et droit. Dans l'exercice de ses compétences réglementaire, législative et judiciaire, l'Union européenne lie les États membre par un engagement qui les met en position d'organes exécutifs, sans qu'elle puisse disposer, cependant, de leur potentiel de sanction. C'est ainsi que les monopoles d'État sur la force peuvent être mis au service de l'application du droit européen qui doit être « transposé » au niveau national. Des deux innovations que je considère comme des étapes importantes vers une humanisation civilisatrice du pouvoir en tant que force logé au cœur des États, celle-ci est celle qui permet à la constitution de l'entité supranationale commune de s'affranchir du pouvoir organisationnel étatique de ses membres.

Mais comment faut-il comprendre la primauté du droit européen ? Ce sont les arrêts de la Cour de justice des Communautés européennes (aujourd'hui Cour de justice de l'Union européenne) qui furent pionniers en la matière, à commencer par l'arrêt van Gend en Loos du 5 février 1963. Depuis cette date, la Cour n'a jamais cessé de souligner que la disposition des États membres à accéder concrètement aux requêtes de tous les citoyens était un impératif au regard de l'égalité de traitement qui leur est due[43]. Ces arrêts ne font jamais que tirer la conséquence du fait que les traités européens entre les organes et les citoyens de l'Union ont institué une relation juridique immédiate et produit un niveau de droit indépendant du droit des États membres. Mais, à côté de cela, le défaut, au niveau adéquat, d'une instance ayant compétence de révision constitutionnelle (dans le style de ce que l'on appelait au XIXe siècle le principe de la « compétence de la compétence »[44]) ne peut pas rester sans conséquences sur la manière dont se conceptualise la position du droit national par rapport au droit de niveau européen. L'Union ne disposant pas d'une instance de décision ultime, il est impossible d'expliquer la subordination du droit national au droit de l'Union, laquelle est pourtant effective de fait, par la hiérarchisation d'usage, en vertu de laquelle le droit fédéral est supérieur au droit régional, ou le bloc de constitutionnalité supérieur au bloc de légalité[45]. La primauté du droit européen obéit à une autre logique. Claudio Franzius parle d'une « primauté d'application » fondée fonctionnellement, Armin von Bogdandy de l'« efficacité » du droit européen, qui « oblige les États membres, en présence d'une norme de droit communautaire, à en réaliser l'objectif réglementaire »[46].

Mais comment une « primauté d'application » pourrait-elle être justifiée à partir de l'autonomie du droit communautaire, si celui-ci ne peut prétendre à aucune « primauté de validité »[47] vis-à-vis des droits nationaux ? Le Tribunal constitutionnel de Karlsruhe, lui-même, ne fait valoir dans ses décisions sur les traités de Maastricht et de Lisbonne qu'une *réserve* en faveur des constitutions nationales dans leur rapport au processus juridique européen. Si l'on peut critiquer à juste titre ces deux jugements très peu europhiles, il n'en reste pas moins que les juridictions nationales sont habilitées à se concevoir, dans leur interprétation des traités européens, comme les gardiennes légitimes de la constitution de leur propre pays, en tant qu'elle expose dans sa substance, à l'instar de celle de chacun des pays de l'Union, les principes de l'État de droit démocratique. Mais elles ne sont pas pour autant autorisées (comme le dit, de manière erronée, le Tribunal constitutionnel fédéral[48]) à contrôler les limites de transfert des droits souverains au niveau européen ; elles sont habilitées à contrôler le respect de l'intégrité des principes constitutionnels nationaux faisant de chaque État membre un État de droit démocratique. Il se reflète, dans les conflits entre juridictions des deux niveaux[49], une dépendance et une interpénétration des constitutions nationales et du droit communautaire, qui les rendent désormais complémentaires ; cela a inspiré Ingolf Pernice, qui décrit ainsi l'Union comme un « système constitutionnel composé »[50]. Pour expliquer le fait que les États membres se soumettent, tout en conservant leur monopole de la force, au droit d'une communauté qui ne peut prétendre vis-à-vis d'eux à aucune compétence de révision constitutionnelle, nous devons anticiper la seconde innovation en matière de droit constitutionnel, mentionnée plus haut. Si l'on adopte le point de vue d'un processus constituant *reconstruit rationnellement*, on peut concevoir la subordination au droit européen comme une conséquence du fait que deux sujets constituants différents ont coopéré ensemble à la perspective d'un objectif commun se matérialisant dans la création d'une entité supranationale commune.

Au regard de la constitutionnalisation du droit international, je tiens, avant toute chose, que s'est progressivement cristallisée avec l'Union européenne une entité politique constituée, qui, bien que n'étant pas couverte par une force étatique congruente, jouit vis-à-vis de ses membres de l'autorité d'un processus juridique ayant force d'obligation. Au début de l'unification européenne, la force d'humanisation civilisatrice de cette innovation s'est surtout exprimée dans la pacification d'un continent ensanglanté ; depuis, elle se manifeste dans la lutte pour construire des capacités d'action politique d'un niveau supérieur. C'est de cette façon que les peuples d'un continent qui perd de son poids politique et économique s'efforcent de regagner, face aux puissances et face aux contraintes systémiques d'une société mondialisée, une certaine latitude d'action politique. S'ils y parviennent, ils pourront utiliser cette latitude défensivement pour la préservation de leur biotope culturel, mais pas seulement, ils pourront aussi l'employer offensivement pour œuvrer à une autre structure bien plus difficile à mettre en place visant à réorganiser les capacités mondiales de régulation. J'y reviendrai.

La seconde innovation : la division du pouvoir constituant entre les citoyens de l'Union et les peuples européens

La communauté constitutionnellement intégrée des citoyens constituant une composante à part des noyaux organisationnels que sont les États membres[51], ce sont toutes les composantes qui entrent dans une configuration d'un genre nouveau. Si les États membres conservent leur monopole de la force et transfèrent à l'Union certains droits souverains dans les limites du principe d'attribution[52], l'Union en tant que telle ne peut toutefois s'appuyer que sur une composante organisationnelle comparativement faible. La Commission européenne ne dispose (contrairement à ce qu'en dit l'opinion, quand elle la désigne comme le

« monstre de Bruxelles »[53]) que d'un appareil limité de gouvernement, qui cède aux Parlements et aux administrations des États membres la « transposition » du droit de l'Union[54]. Et, dans la mesure où l'Union elle-même ne développe aucun caractère étatique, le statut qu'elle confère à ses citoyens n'est pas non plus celui du citoyen « étatique ». On peut toutefois escompter, du fait de la confiance réciproque croissante qui se manifeste entre les peuples européens, qu'une solidarité civique se développe néanmoins, à l'échelle transnationale, entre les citoyens de l'Union, fût-ce sous une forme atténuée.

Avec cette exigence à la limite du recevable, qui impose à une même personne de différencier son rôle de membre d'un « peuple européen » de celui de « citoyen de l'Union », on touche à la question centrale de savoir à quel concept du droit constitutionnel ressortit exactement cette entité fédérale commune inhabituelle. Le fait de savoir ce qu'elle n'est pas — ni fédération d'États, ni État fédéral —, ne nous avance guère. La position de surplomb que le traité de Lisbonne accorde aux deux conseils — Conseil européen et Conseil de l'Union[55] — reflète le rôle historique des États membres, qui furent à la fois initiateurs et force motrice de l'unification européenne. Contrairement à ce qui se produisit aux XVIIIe et XIXe siècles, avec les Constitutions nationales, la Constitution de l'Union est l'œuvre des élites politiques. Alors que, d'un côté, ce furent des citoyens révolutionnaires qui s'unirent pour renverser d'anciens régimes, ce furent, cette fois, des États, et donc des acteurs collectifs, qui, en recourant à l'instrument du traité international, se sont associés afin de collaborer dans des domaines politiques limités. Mais, quoi qu'il en ait été du rôle actif des acteurs étatiques au cours du processus d'unification, les équilibres au sein du dispositif organisationnel ont eu le temps de se modifier en profondeur en faveur des citoyens européens[56].

La communauté instituée par traité international s'est transformée en une union politique de durée indéterminée. En introduisant la citoyenneté de l'Union, en faisant expressément référence à un intérêt général européen et en dotant l'Union de sa propre personnalité juridique, les traités se sont transformés en un socle destiné à supporter une entité commune politiquement constituée. Par rapport à la constitution démocratique d'un État fédéral, il est vrai que l'appellation « traité constitutionnel » pouvait être interprétée comme le signe d'une caractéristique particulière de l'Union européenne demandant qu'on la comprenne comme une entité politique *supra-étatique* — néanmoins démocratiquement constituée (et par conséquent légitimée). L'Union partage bien, avec les fédérations de l'époque pré-démocratique, celles des anciens empires et des fédérations de cités-États, un caractère supra-étatique ; mais à la différence des fédérations classiques d'États, il est requis que la construction de l'Union obéisse à des principes indubitablement démocratiques. Fût-ce par leur caractère déclamatoire, les articles 9 à 12 du traité de Lisbonne ne permettent aucun doute sur ce point[57].

Si nous voulons mieux comprendre la structure constitutionnelle de cette forme singulière, il peut être judicieux de reconstruire, dans une optique téléologique, le moment de son émergence, comme s'il s'agissait du résultat, historiquement plus ou moins contingent, auquel serait intentionnellement parvenue une convention constituante, qu'on aurait dûment réunie. Si nous cherchons un équivalent des apports qu'ont représenté en Amérique du Nord, entre septembre 1787 et août 1788, les lettres, articles et discours des Fédéralistes et des Anti-fédéralistes[58], nous ne rencontrons guère en Europe de débats publics engagés, auxquels auraient pris part des intellectuels ou des profanes cultivés[59]. Ici, et pendant des décennies, ce qui a prévalu, c'est une discussion entre représentants de disciplines très spécialisées, principalement des juristes, mais aussi des spécialistes des sciences sociales[60]. Pour être tout à fait équitable, disons que : « la meilleure recherche scientifique a fait assaut d'imagination pour inventer des voies de développement démocratique qui puissent être empruntées par l'Europe, et [que] l'opinion publique s'est associée à ces efforts »[61].

Un peu comme dans l'Amérique du Nord du XVIIIe siècle, c'est, chez nous aussi, entre les défenseurs (eurosceptiques) des États et les fédéralistes que la querelle s'est enflammée à propos du transfert à l'Union de certains droits souverains. Mais nous n'étions pas, comme en Amérique, en présence de sociétés de migrants aspirant à s'émanciper d'États coloniaux, et les fédéralistes européens ont été non seulement confrontés à la diversité culturelle et linguistique, mais encore et surtout à l'idiosyncrasie politique des États ; ceux-ci appartenaient, en effet, à *la première génération* des États venus à maturité en tant que Nations, ils avaient connu la guerre — et, par surcroît, s'étaient encore différenciés au cours du XXe siècle dans leur manière d'appréhender la construction de l'État-providence. En outre, l'unification européenne ne se déroule pas, comme s'était produite l'unification américaine, dans un contexte où l'on en serait encore à expérimenter les formes que peut prendre, dans les conditions imposées par le système moderne des États, une fédération. Aujourd'hui, toutes les fédérations d'États ont plus ou moins adopté le format national ; même les États-Unis sont devenus, au plus tard après la Seconde Guerre mondiale, un État fédéral intégré (ou homogénéisé). En ce début de XXIe siècle, les Nations unies peuvent se comprendre comme une association de 193 États nationaux[62]. C'est donc de manière d'autant plus pressante que la question à laquelle, en 1787, James Madison se voyait déjà confronté a été reprise : une fédération d'États membres démocratiquement constitués peut-elle elle-même satisfaire aux conditions de la légitimité démocratique sans soumettre unilatéralement le niveau national au niveau fédéral[63] ?

De manière conséquente, Madison lia la question de la légitimité à celle relative à la manière dont devait être constituée l'Union, et il y répondit en indiquant que l'ensemble des États fondateurs ne pouvaient décider de marcher ensemble que s'ils étaient unanimes, tandis que la Constitution elle-même devait croiser et équilibrer les compétences entre les deux niveaux, et de telle manière que, si des conflits surgissaient entre les organes constitutionnels, ceux-ci pussent être résolus pragmatiquement, sans qu'il soit besoin d'établir une règle univoque de primauté. En renonçant au préalable à répondre normativement à la question de savoir qui doit avoir le dernier mot, il laissait également ouverte la réponse à la question de savoir qui peut bien être le sujet de la première phrase de la Constitution : « We the People of the United States » (« Nous le peuple des États-Unis d'Amérique ») — l'ensemble des citoyens de l'Union ou les peuples des différents États ? Selon Madison, c'était à la politique que revenait la tâche d'équilibrer les forces en cas de conflit. Les auteurs qui, aujourd'hui, reprennent ces idées[64] en tirent assurément de bons arguments pour éviter que la discussion sur l'Europe ne se réduise à ce pont aux ânes de l'histoire constitutionnelle allemande que représente l'alternative entre fédération d'États et État fédéral[65]. L'habituel recours, dans ce contexte, à la « théorie constitutionnelle de la fédération » de Carl Schmitt ne fait qu'éluder la question de la légitimation démocratique de la fédération[66], puisque Schmitt occulte la question normative de savoir qui est le vecteur du pouvoir constituant « du peuple ». À la différence de Madison, Schmitt a, en effet, en tête les formes prédémocratiques de la fédération, et se limite donc aux processus de décision politiques au sein de la fédération constituée.

À la question de la légitimation qui nous intéresse ici, il n'existe qu'une seule réponse satisfaisante, mais à condition qu'on identifie comme il le faut les pouvoirs constituants. Après que l'art. 1 al. 2 du traité de Maastricht eut donné en 1991 le coup d'envoi d'« une union sans cesse plus étroite entre *les peuples* de l'Europe », dès le traité établissant une Constitution pour l'Europe de 2004, il fut fait référence à deux sujets : les « citoyens » et les « États » d'Europe[67]. Même si cette « Constitution » issue des travaux de la Convention sur l'avenir de l'Europe échoua en 2005, l'actuel traité de Lisbonne, en vigueur, n'en permet pas moins de toujours conclure à une souveraineté « partagée » entre les citoyens et les États[68], puisque le Parlement est partie prenante (fût-ce d'une manière limitée) dans les modifications du traité constitutionnel et est conjoint au Conseil, dans le cadre de « la procédure législative ordinaire ».

Il importe, cependant, du point de vue de la théorie de la démocratie, que cette nouveauté qui conduit à diviser le sujet constituant en « citoyens » et « États » soit qualifiée de la manière la plus adéquate[69]. Les citoyens sont parties prenantes, à double titre, de la constitution de cette entité politique commune supérieure : dans leur rôle de futurs citoyens de l'Union et en tant que membres d'un des peuples nationaux qui la composent. La Constitution de l'UE conserve donc, à l'instar de tout ordre juridique moderne — et ce malgré le fait que l'un des deux piliers porteurs soit composé par des collectivités *en tant que telles* — un caractère strictement individualiste : elle s'appuie sur les droits subjectifs des citoyens. Il est donc plus conséquent de reconnaître en tant que second sujet constituant, non les États membres eux-mêmes, mais leur peuple : « Les traités, pour autant que le principe démocratique y soit de mise, parlent d'un côté des peuples des États membres et de l'autre des citoyens de l'Union. »[70]

À la suite d'Anne Peters[71], Claudio Franzius plaide, lui aussi, en faveur de l'hypothèse d'un *pouvoir constituant mixte*[72]. Mais si nous optons pour cette hypothèse et concevons les citoyens individuels comme les seuls fondements de la légitimation, il nous faut éviter une fausse alternative. La question, en effet, ne doit pas être de savoir si, « originellement », nous reconnaissons, comme le dit James Madison, dans ces sujets constituants des citoyens des États fondateurs, lesquels citoyens d'un État *ne s'habilitent* en tant que citoyens de l'Union *qu'*à travers le processus constitutionnel[73], ou si nous rencontrons *immédiatement* en eux les futurs citoyens de l'Union. Se placer face à une telle alternative serait fâcheux en ce que cela préjugerait, en retour, de l'instance qui doit se voir attribuer les capacités d'ultime décision. À la question de savoir à quoi se mesure le caractère démocratique d'une entité commune, fédérale et non-étatique, Armin von Bogdandy apporte un début de réponse cohérente : « Du point de vue théorique, écrit-il, le plus convaincant est de ne concevoir comme seuls sujets de légitimation que les individus, *qui sont (à la fois) citoyens d'un État et citoyens de l'Union.* »[74]

Dans notre scénario, ce sont *les mêmes* personnes qui prennent part au processus constituant et jouent, ce faisant, simultanément leur rôle de (futur) citoyen de l'Union et celui de citoyen de leur propre État. Exerçant leurs deux rôles réunis dans leur personne, il ne peut pas échapper aux sujets constituants qu'ils adoptent pour chaque circuit de légitimation — celui valant pour le Parlement et celui valant pour le Conseil — une perspective de justice différente — l'une propre au citoyen européen, l'autre propre au ressortissant d'un État-nation déterminé. Ce qui peut être compris, dans le cadre d'un État national, comme relevant du bien commun se transforme au niveau européen en une généralisation d'un intérêt particulier, limité à son seul peuple, or celle-ci peut tout à fait entrer en conflit avec la généralisation d'un intérêt devant valoir à l'échelle de l'Europe et qu'ils peuvent escompter dans leur rôle de citoyen de l'Union. Les deux rôles, avec chacun son aspect, qu'endossent les sujets constituants acquièrent par conséquent tous deux une importance institutionnelle au sein de l'entité commune constituée : au niveau européen, le citoyen doit pouvoir, en même temps et dans la même mesure, former son jugement et décider politiquement, non seulement en tant que citoyen de l'Union, mais encore en tant que ressortissant du peuple d'un État-nation particulier. Tout citoyen prend part aux processus de formation de la volonté et de l'opinion européennes, non seulement en tant qu'Européen qui peut, de manière autonome et *à titre individuel,* dire « oui » ou « non », mais aussi en tant que *ressortissant* d'une nation déterminée.

La souveraineté partagée comme critère pour les besoins de légitimation de l'Union

L'expression « souveraineté partagée » est propice aux confusions. C'est à travers les flux communicationnels dont se nourrissent les processus législatif, exécutif et judiciaire que la souveraineté du peuple — c'est-à-dire le « pouvoir » (*Gewalt*) qui « procède du peuple » — se ramifie et se diffuse au sein de toute entité commune démocratiquement constituée. Dans notre contexte, toutefois, c'est du partage de la souveraineté qu'il est question. Dans la mesure où le pouvoir constituant est lui-même partagé, la souveraineté l'est aussi déjà *quand naît l'entité commune encore à constituer*, ce n'est pas seulement un partage intervenant à *la source de l'entité déjà constituée.* Cela explique que l'Union européenne soit à l'instar des États fédéraux un système à plusieurs niveaux, ce qui ne veut pas dire qu'il faille, pour autant, la concevoir comme une république fédérale *incomplète.* Un État national, même si sa structure interne est fédérale, ne peut être constitué en tant que tel que par les citoyens de cette même nation dans leur ensemble[75]. En revanche, on peut tout à fait penser rétrospectivement la fondation de l'Union européenne en envisageant que les citoyens qu'elle implique (ou leurs représentants) ont été dès le départ porteurs de deux masques — deux *personae* —, faisant que, dans le processus constituant, chacun, en tant que citoyen européen, est dans une certaine mesure confronté à lui-même en tant que citoyen d'un peuple national déjà constitué.

Dans les États fédéraux aussi, la répartition des compétences renvoie en général à une habilitation limitée au cas par cas de l'organe fédéral. Mais dès lors que les citoyens d'une nation n'interviennent qu'en tant que sujet constituant de l'ensemble étatique, ils établissent non seulement la primauté du droit fédéral, mais encore réservent la compétence de révision constitutionnelle, soit à eux-mêmes (par voie référendaire), soit aux organes législatifs fédéraux[76]. La figure de pensée de la souveraineté « originellement partagée » interdit qu'il puisse y avoir, au niveau européen, une telle « compétence de la compétence ». Certes, les sujets constituants sont disposés, dans leur rôle de ressortissants des (futurs) États membres, à transférer une partie des droits souverains de leurs États déjà constitués à la nouvelle entité commune, mais ils ne le font qu'avec une réserve qui va encore au-delà de la garantie d'usage que l'entité fédérale commune s'en tienne à l'articulation de co-États fédérés. Par leur participation au processus constituant, les peuples européens veillent à ce que leur propre État soit maintenu, au sein de l'entité fédérale commune, en tant qu'État de droit démocratique, dans sa *fonction de garant des libertés.*

Si l'on adopte le point de vue de politique constitutionnelle en vertu duquel l'Union *ne peut pas,* eu égard aux dispositifs permettant de domestiquer, humaniser et civiliser le pouvoir étatique, *fournir une offre inférieure* à celle déjà proposée par les États, on peut comprendre une autre réserve qui émane des cours constitutionnelles nationales, confrontées à la primauté d'application du droit européen : le degré auquel les libertés civiles sont garanties par l'État au niveau national doit servir de standard pour le droit européen, et ce avant même de pouvoir être transposé en droit interne. On peut ainsi comprendre pleinement d'où les États membres tirent dès lors leur suprématie relative ; elle ne tient pas seulement au fait qu'ils conservent le monopole de la force, elle tient aussi à leur mainmise (qui reste pour l'instant disproportionnée) sur le processus législatif européen. Par rapport au modèle de l'État fédéral, deux autres divergences sont elles aussi intéressantes.

Alors que la Constitution américaine, dans son art. 5, fait dépendre l'adoption d'amendements de leur ratification par une *majorité* qualifiée des législatures des États[77], la révision des traités européens exige, pour sa part (conformément à la procédure de révision ordinaire de l'art. 48 du TUE), l'*unanimité* des membres. Par ailleurs — ce qui est tout aussi exemplaire —, la souveraineté des États membres est *en partie* conservée comme en témoigne la garantie d'un droit de retrait (art. 50 du TUE) ; bien que la fondation de l'Union soit temporellement indéterminée, chaque État membre est libre de *regagner* le degré de souveraineté qui était le sien avant son entrée dans l'Union. Toutefois, les modalités qu'il convient de considérer jusqu'à la prise d'effet de la volonté de retrait montrent bien que « ce droit de retrait n'est pas pour autant sous-tendu par une compétence de la compétence qu'exercerait un arbitraire délié du droit »[78] ; en effet, le « partage originel de la souveraineté » auquel consent tout État membre lors de son entrée dans l'Union est inconciliable avec l'invocation d'une quelconque réserve pour ses propres décisions souveraines.

La question se pose, à vrai dire, de savoir si — selon les critères d'une juridicisation *démocratique* de l'action de gouverner au-delà de l'État national — ces divergences par rapport à un modèle de légitimation que nous connaissons bien révèlent effectivement un déficit. Selon moi, elles pourraient n'impliquer aucune perte de légitimation, si les deux sujets constituants, à savoir les citoyens de l'Union et les peuples de l'Europe, devenaient, comme il serait logique, dans toutes les fonctions de législation des partenaires à égalité de droits — ce qui pourrait se produire un jour. Le partage de la souveraineté en tant que telle peut se justifier, comme nous l'avons déjà vu, par le fait que les citoyens de l'Union ont de bonnes raisons de rester fidèles à leurs États s'ils jouent leur rôle à égalité de droits. Les États nationaux sont, en tant qu'États de droit démocratiques, non seulement des acteurs qui ont pris part à la longue histoire qui a permis d'humaniser et de civiliser la violence au cœur de l'exercice du pouvoir politique, mais ils sont aussi l'expression d'une « justice existante » (Hegel[79]), ils en sont des acquis *persistants* et des formes vivantes. Les citoyens de l'Union peuvent par conséquent avoir un intérêt justifié à ce que leur propre État national aussi, dans son rôle d'État membre, joue *en outre* le rôle éprouvé de *garant du droit et de la liberté.* Les États nationaux sont plus que de simples conservatoires grandeur nature des cultures nationales, ils sont *les cautions* d'un certain niveau de justice et de liberté que les citoyens, à bon droit, veulent voir préserver.

Il faut, à ce stade, que cette idée ne s'égare pas dans le communautarisme. L'intérêt qu'il y a à conserver des formes de vie ayant une forte empreinte sur *la culture,* et dans lesquelles les citoyens reconnaissent une part de leur propre identité collective, est assurément *aussi* une raison qui a sa pertinence du point de vue du droit constitutionnel. Mais si c'était là le principal intérêt déterminant les citoyens à conserver leur État national, celui-ci pourrait être tout à fait satisfait, dans le cadre d'une Europe constituée en État fédéral, par la prise en compte du principe de subsidiarité. Au sein d'un État fédéral, l'autonomie des États fédérés ou des États régionaux est reconnue pour autant qu'il s'agit de protéger leurs *particularités sociocultu-*

relles, territoriales ou régionales dans leur importance historique ; mais elle ne l'est pas en tant que ces entités autonomes continueraient d'être *les garants de l'égale liberté des citoyens*[80]. Or c'est précisément en raison de cette « garantie de bonne fin »[81] apportée par les États nationaux que leurs ressortissants ont voulu qu'il y ait *partage pur et simple* du pouvoir constituant entre les peuples de l'Europe et les citoyens de l'Union plutôt que d'*endosser à part entière* le rôle de citoyens de l'Union — à qui seuls serait aussi revenue, sinon, la compétence de révision constitutionnelle.

La souveraineté partagée nous livre le critère nous permettant d'apprécier les exigences de légitimation requises pour une entité commune supranationale, sans attributs étatiques. On peut, à travers elle, non seulement justifier les divergences avec le modèle de l'État fédéral, mais aussi identifier les déficits démocratiques qui affligent encore les traités européens actuellement en vigueur. Ainsi, puisque les élections au Parlement européen sont transnationales, il faudrait en tout premier lieu qu'existe un droit électoral unifié à la mesure de l'événement et qu'en outre le système des partis existant s'européise un tant soit peu[82]. Mais c'est surtout au niveau institutionnel qu'il faudrait retrouver l'égalité en droit que, nous, peuples de l'Europe et citoyens de l'Union, pouvons nous attribuer par reconstruction, en tant que sujets constituants, et qui devrait se refléter dans la répartition des fonctions et des compétences législatives. Dans tous les domaines politiques, un équilibre des compétences devrait être instauré entre le Conseil et le Parlement. Tout aussi inconséquente et caractéristique est la position trouble dans laquelle se trouve la Commission, à qui sont réservés les droits d'initiative essentiels. Il faudrait au contraire — en divergence, là encore, avec le modèle du gouvernement fédéral —

que la Commission dépende symétriquement du Parlement et du Conseil et soit également responsable face à l'une et l'autre institution. Enfin, le Conseil européen — que le traité de Lisbonne nomme en seconde position, après le Parlement dans son énumération des institutions de l'Union (art. 13 al. 1) — est quant à lui tout à fait en dehors du cadre[83]. En tant que siège du pouvoir intergouvernemental des chefs d'État ou de gouvernement, c'est lui — bien plus même que le Conseil — qui est le véritable pôle antagonique au Parlement, ses relations avec une Commission censée se comprendre comme le porte-voix des intérêts communautaires demeurant confuses.

Le Conseil européen est un organe directeur qui fixe les orientations de la politique, mais qui ne jouit d'aucun pouvoir législatif, ni même d'aucun droit d'injonction vis-à-vis de la Commission. En outre, on notera une contradiction caractéristique : si le pouvoir politique est concentré dans le Conseil européen, il n'existe aucun dispositif juridique qui confère force de droit à ses décisions. Il reste que la compétence que lui octroient les procédures de révision simplifiées lui permet, par le biais de la révision des traités, d'enclencher des innovations institutionnelles. Pourvu de la légitimité forte que l'élection confère aux chefs d'État ou de gouvernement qui le composent, il exerce, bien que ses décisions doivent être prises à l'unanimité, un pouvoir extraconstitutionnel considérable : « En tant qu'organe directeur, il n'est pas sans rappeler le roi des débuts du constitutionnalisme au XIXe siècle. »[84] Le traité de Lisbonne, en insérant le Conseil européen dans les dispositifs institutionnels existants, devait renforcer la capacité d'action de l'UE ; de fait, c'est cher payer en déficit démocratique les initiatives importantes que cette position lui permet de prendre. On s'en aperçoit depuis la crise financière de 2008 avec les décisions lourdes de conséquences qui sont adoptées, que ce soit pour apporter des garanties aux pays surendettés ou pour adopter de nouvelles modalités d'accord relatives aux lois de finances entre les dix-sept gouvernements de l'Union monétaire.

Les hésitations de l'élite politique au seuil de la démocratie transnationale

Cette observation rappelle la *relation complexe qu'entretiennent la norme et l'effectivité constitutionnelles.* Les procédés empiriques auxquels recourent les sciences politiques pour relever les divergences plus ou moins profondes que connaît le processus effectif du pouvoir par rapport au modèle normativement imposé produisent souvent un effet révélateur. Cependant, il faut bien se garder des tentations superstructurelles. Ce n'est pas comme si les pratiques politiques n'étaient simplement qu'une variable dépendante, que ce soit dans le champ des intérêts sociaux, dans celui des rapports de pouvoir ou dans celui des nécessités systémiques. Elles obéissent bien plutôt à un code politique idiosyncrasique, qui s'imbrique dans le tissu des normes juridiques. C'est parce qu'elles supposent d'ailleurs le couplage du droit et de la politique que certaines normes constitutionnelles innovantes au niveau supranational peuvent, bien souvent, avoir un effet dynamisant qui va, par l'apprentissage et l'adaptation, au-devant de la construction. Voilà pourquoi nous adoptons un regard constructiviste lorsqu'il s'agit de comprendre la juridicisation démocratique d'une entité supranationale commune telle que l'UE comme un pas de plus effectué sur le chemin de l'humanisation civilisatrice du pouvoir politique[85].

La même perspective est également de mise lorsqu'il s'agit d'analyser, au moyen des sciences sociales, les conditions politico-culturelles exigeantes qui doivent être remplies pour que puisse se former une volonté transnationale des citoyens de l'Union[86]. Jusqu'ici, nous n'avons traité que deux des trois composantes qui, propres à toute constitution démocratique, se reconfigurent au niveau européen. Dès l'instant où une communauté constitutionnelle s'élargit au-delà du noyau organisationnel d'un seul État, il faut que la troisième composante — la solidarité entre citoyens disposés à répondre les uns des autres — croisse en quelque sorte avec elle. L'ensemble des citoyens de l'Union ne peut effectivement partager la souveraineté avec les peuples d'États membres qui n'ont pas renoncé à leur monopole de la force que si la solidarité civique nationale consent à changer de forme. Si nous revenons à notre scénario, il faudrait donc qu'une solidarité civique élargie — fût-ce pour devenir plus abstraite, mais du même coup aussi moins pesante —, inclue les membres de chacun des autres peuples européens — les Grecs, par exemple, si l'on est français ou allemand, lorsque ceux-ci se voient soumis, sans compensation sociale, à des plans d'austérité imposés par la communauté internationale. C'est à cette condition que les citoyens de l'Union, qui élisent et contrôlent le Parlement de Strasbourg, seront en position de prendre part à une formation commune de la volonté démocratique, par-delà les frontières nationales[87].

Certes, il faudrait étendre les réseaux de communication et élargir les horizons de perception, libéraliser les attitudes et les orientations axiologiques, accroître la disposition à intégrer les non-nationaux, renforcer les initiatives de la société civile et faire que les identités fortes se transforment à l'avenant ; mais on ne peut recourir, pour ce faire, qu'à des moyens administratifs et juridiques qui produiront au mieux une incitation. Il reste que les processus politiques et les normes constitutionnelles, d'un côté, et le réseau des attitudes et des convictions politico-culturelles partagées, de l'autre, interagissent, que ce soit pour se renforcer ou se freiner réciproquement. C'est ainsi que je comprends Christoph Möllers lorsqu'il dit constater une « co-évolution du sujet démocratique de légitimation et des mesures institutionnelles en faveur de l'égalité démocratique », qui permettrait, selon lui, « d'allouer aux niveaux au-delà de l'État démocratique d'autres capacités d'intervention »[88]. Nous ne disposons pas de données tangibles nous permettant de définir constitutionnellement les frontières et les sous-populations au sein d'une entité politique commune, ou de définir les rangs au sein d'un système politique à plusieurs niveaux ; les loyautés se forment et les traditions se transforment. Ni les nations, ni aucun autre référent comparable ne sont non plus des faits naturels, quand bien même ne sont-ce pas non plus des fictions (comme ce fut le cas, en revanche, de bien des États issus des colonies).

Dans la vie politique d'un citoyen, bien des loyautés s'accumulent que chacun pondère de manière très différente ; figurent dans leur nombre et ont une pertinence politique les liens d'attachement à la région d'origine, au lieu de naissance, ville ou province, au pays ou la nation, etc. Ces loyautés ne prennent véritablement effet qu'en cas de conflit, où il faut alors les soupeser pour les hiérarchiser selon leur poids relatif ; un critère permettant d'apprécier à quelle grandeur sociale de référence on s'identifie le plus est d'estimer jusqu'à quel point, sur la base d'une réciprocité à long terme, on est prêt à éventuellement se sacrifier pour elle. Avec la suppression de la conscription obligatoire, le test de la guerre, et donc de l'exigence *absolue* du sacrifice de sa vie au bien de la Nation, n'est fort heureusement plus de mise. Mais l'inquiétante ombre projetée du nationalisme ne s'est aujourd'hui toujours pas évanouie. L'extension de la solidarité civique dépend des processus d'apprentissage qui, comme peut le laisser espérer la crise actuelle, peuvent être stimulés par la perception des nécessités économiques et politiques.

Par une ruse de la raison économique, il se trouve que, depuis cette crise, une communication qui dépasse les frontières nationales s'est au moins engagée. En octroyant aux citoyens européens le droit de vote, en créant le passeport commun lie-de-vin, etc., les institutions de l'Union ont ouvert, et depuis longtemps déjà, l'espace virtuel requis qu'il s'agirait désormais de faire vivre au moyen d'une communication élargie à sa mesure, et qui mette en lien les différentes sociétés civiles. Or cette communication ne peut se densifier que si intervient une *ouverture* réciproque des sphères publiques *les unes aux autres.* Pour transnationaliser les sphères publiques nationales actuelles, point n'est besoin de nouveaux médias ; il suffirait que les médias à vocation internationale existants aient une pratique différente. Ils devraient non seulement faire connaître et traiter les questions européennes, mais encore rapporter en même temps les prises de position et les controverses politiques que suscitent ces mêmes questions dans les autres États membres. L'Union européenne ayant été, jusqu'ici, monopolisée et portée pour l'essentiel par les élites politiques, une dangereuse asymétrie s'est créée — entre, d'un côté, la participation démocratique des *peuples* à ce que, hors de leur vue, sur la lointaine scène de Bruxelles, leur gouvernement négocie pour eux « de haute lutte », et, de l'autre, l'indifférence, pour ne pas dire l'absence totale de participation, des citoyens de l'Union aux décisions que prend leur Parlement à Strasbourg.

Ce constat n'autorise pourtant pas qu'on parle d'une substantialisation des « peuples ». Il n'y a plus guère que le populisme de droite pour s'adonner à la caricature et présenter les peuples nationaux comme des macro-sujets qui s'isolent les uns des autres et bloquent toute formation d'une volonté démocratique susceptible de transcender les frontières. Il est impossible après cinquante ans d'immigration de travail que les peuples européens se considèrent encore, alors qu'ils sont confrontés à une diversité ethnique, linguistique et religieuse toujours plus grande, comme des unités culturellement homogènes[89] — sans compter que l'internet et le tourisme de masse ont considérablement perméabilisé les frontières. Dans les États territoriaux *déjà*, ce furent les médias de masse qui durent *de tout temps* créer, en dépit des grands espaces et de la complexité des relations, l'horizon flottant d'un monde vécu partagé, et qui, empruntant le tissu communicationnel de la société civile, l'ont animé par une circulation abstraite des idées. Ceci ne peut s'exercer à l'échelle européenne que s'il existe une culture politique peu ou prou partagée. Mais plus les populations nationales prendront conscience de ce que les décisions de l'Union européenne ont un impact profond sur leur vie quotidienne — et plus les médias les amèneront à en prendre conscience —, plus elles saisiront qu'il est de leur intérêt de faire usage de leurs droits démocratiques, également en tant que citoyens de l'Union.

Le poids des décisions européennes à l'occasion de la crise de l'euro est cette fois perceptible, ce qui accroît leur facteur d'impact. Le Conseil européen est contraint à des décisions qu'il prend à reculons tant elles grèvent les budgets nationaux d'une manière qu'il sait être inégale. Depuis le 9 mai 2010, en décidant de plans de sauvetage et de possibles rééchelonnements de la dette, mais aussi en déclarant son intention d'une harmonisation des budgets nationaux dans tous les secteurs politiques — économie, fiscalité, société, travail et éducation —, le Conseil européen a franchi un seuil, au-delà duquel de nouveaux problèmes de justice distributive se posent. En passant d'une intégration « négative » à une intégration « positive », la charge qui pèse sur la légitimité liée au rendement (*output legitimacy*) tend à se répercuter sur la légitimité liée aux moyens (*input legitimacy*)[90] — pour les citoyens, plus l'insatisfaction à l'égard des prestations étatiques augmente et plus il devient important d'avoir activement prise sur la forme et le fond des politiques et des lois[91]. Il serait donc dans la logique de cette évolution que les citoyens qui *sont contraints* de supporter une répartition des charges qui leur est imposée de l'extérieur de leurs frontières nationales *veuillent* influer démocratiquement sur ce que leur chef d'État ou de gouvernement négocie ou accepte, en plein flou juridique. Au lieu de cela, nous voyons, d'un côté, les gouvernements se livrer à des manœuvres dilatoires et, de l'autre, les populations en proie au populisme rejeter le projet européen dans son ensemble. Ce comportement autodestructeur est la conséquence directe des hésitations des élites politiques et des médias, qui ne s'emploient pas à rallier la population à un avenir européen commun.

Sous la pression des marchés financiers, on a dû reconnaître que, lors de l'introduction de l'euro, une présupposition économique essentielle du projet constitutionnel a été sacrifiée. L'Union européenne ne peut s'affirmer face à la spéculation financière, telle est l'analyse unanime, que si elle reçoit les compétences de régulation politique nécessaires pour, au moins au sein du « noyau dur », c'est-à-dire entre les membres de l'Union monétaire, faire respecter une convergence des évolutions économiques et sociales des pays impliqués[92]. À vrai dire, il est clair pour tout le monde que ce niveau de « coopération renforcée » n'est pas possible dans le cadre des traités existants. La conséquence d'un « gouvernement économique » commun, auquel consent à présent aussi le gouvernement fédéral allemand, signifierait que l'exigence centrale de compétitivité de tous les États membres irait bien au-delà des politiques financières et économiques pour atteindre les lois de finances nationales dans leur ensemble, faisant par conséquent intrusion au cœur même des Parlements nationaux. C'est pourquoi cette réforme tant attendue n'est possible, à condition qu'elle n'enfreigne pas ostensiblement le droit en vigueur, que moyennant de nouveaux transferts de compétences des États membres vers l'Union.

Cette idée a, entre-temps, gagné les grands médias politiques : « La crise a mis à nu les faiblesses du traité de Lisbonne : il ne donne pas à l'UE les armes qui lui permettrait de relever les défis auxquels elle se voit confrontée, en tant qu'union économique ou en tant qu'union monétaire. »[93] De gros obstacles se dressent sur la voie d'une révision du traité. Et si elles en décidaient, les élites politiques devraient alors changer radicalement de comportement : si leur objectif est de rallier leurs populations à une Europe solidaire, il faudrait d'abord qu'elles renoncent à recourir à l'habituel mélange d'actions de communication et d'incrémentalisme d'expert et qu'elles acceptent de livrer dans la sphère publique la plus large un combat, dans lequel elles prendraient des risques et devraient surtout faire preuve d'inspiration et de conviction. Paradoxalement, il faudrait qu'elles expriment une volonté qui, allant dans le sens de l'intérêt d'un bien commun européen, entrerait en contradiction avec leur intérêt personnel dans la sauvegarde de leur propre pouvoir. À long terme, en effet, il faudrait que chaque pays renonce petit à petit à sa latitude d'action nominale, si bien que le carrousel des potentats nationaux perdrait lui aussi de son importance[94]. Angela Merkel et Nicolas Sarkozy ont conclu, le 22 juillet 2011, un vague compromis qui ne demande qu'à être interprété — or ce composé de libéralisme économique à l'allemande et d'étatisme à la française exprime peut-être bien une tout autre intention que celle envisagée plus haut. Tout indique, en effet, que ces deux-là aimeraient bien amplifier le fédéralisme exécutif prévu dans le traité de Lisbonne pour parvenir — à l'encontre de l'esprit du traité — à une domination intergouvernementale du Conseil européen. En recourant ainsi à une régulation centralisée par le Conseil européen, ils pourraient faire passer les impératifs des marchés dans les lois de finances nationales. Il suffirait que, par la pression et les menaces de sanction, ils imposent à des Parlements nationaux, pour ainsi dire relevés de leur pouvoir, les accords qu'ils passeraient entre eux, sans la moindre transparence ni la moindre formalisation juridique. Les chefs d'État et de gouvernement retourneraient de cette manière le projet européen en son contraire. Du même coup, la première entité supranationale commune démocratiquement juridicisée deviendrait un arrangement ayant pour but d'exercer une domination postdémocratique et bureaucratique.

La seule autre solution possible consiste donc à poursuivre de manière conséquente la juridicisation démocratique de l'Union européenne. Il ne s'instaurera pas de solidarité civique à l'échelle européenne si de telles inégalités sociales entre les États membres, c'est-à-dire sur le terrain même où existent au niveau national les possibles points de rupture, se pérennisent structurellement. L'Union doit sauvegarder ce que la Loi fondamentale de République fédérale appelle l'« homogénéité des conditions de vie » (art. 106 al. 3). Cette « homogénéité » ne renvoie bien entendu qu'aux variations de la vie *sociale* — ce qui est acceptable du point de vue de la justice distributive —, non à l'aplanissement des différences *culturelles*. Mais précisément, si l'on veut, en situation de pleine mondialisation galopante, protéger de l'aplanissement les diversités nationales et l'incomparable richesse culturelle du biotope « vieille Europe », ce qui est nécessaire c'est justement une cohésion politique socialement soutenue.

DE LA COMMUNAUTÉ INTERNATIONALE À LA COMMUNAUTÉ COSMOPOLITIQUE

La chronique des vertus humanisantes et civilisatrices, que le droit démocratique peut aussi faire valoir lorsqu'il est conduit à se diffuser au-delà des frontières nationales, trouve son point de départ dans la paralysie qui frappe la politique mondiale depuis que s'est reconfiguré le contexte dans lequel elle s'inscrit — on le perçoit surtout, aujourd'hui, à travers l'ascendant pris par les marchés financiers sur les États nationaux, même les plus puissants. Dans la crise actuelle, les marchés financiers semblent ne plus laisser aux États, censés garantir le bien-être public, la moindre possibilité d'engagement[95]. Dans cette situation, la tentative des Européens de reconquérir par la communautarisation supranationale une partie de leur capacité d'autorégulation politique va bien au-delà de la simple affirmation de soi. C'est pourquoi la manière dont j'essaie d'appréhender et de présenter l'entente européenne trouve sa suite logique dans certaines idées portant sur la société mondiale politiquement constituée. Nous avons vu que deux innovations se mettaient en évidence au niveau européen en ce qu'elles ouvraient une voie nouvelle : d'un côté, la soumission au droit de l'Union des États membres, qui conservent néanmoins leur monopole de la force, et, de l'autre, le partage de la souveraineté entre deux sujets constituants, les citoyens et les peuples étatiques. On trouve trace du premier de ces deux éléments, à la fois dans la capacité contraignante du droit international — dont l'efficience est désormais mondiale —, et dans le cadre institutionnel des Nations unies. Quant au second élément, on pourrait le retrouver, au moins en partie, dans le caractère « transversal » des propositions visant à constituer un Parlement mondial.

Il ne faut toutefois pas gommer les différences existant entre les deux entités complémentaires, nées de l'évolution supranationale du droit depuis 1945. L'entité supraétatique commune qu'est l'Union européenne partage avec les États traditionnels une particularité qui permet aux entités politiques de se démarquer les unes des autres dans l'espace social. En revanche, l'établissement d'un lien cosmopolitique entre les citoyens du monde ne pourrait toujours ouvrir — comme c'est déjà le cas pour la communauté internationale des États déjà existante —

que sur une perspective intérieure. Le changement de perspective qu'entraînerait le passage du droit international classique à une constitution politique de la société mondiale n'est plus une pure construction intellectuelle. C'est la réalité sociale elle-même qui impose ce changement à la conscience contemporaine. Dans la mesure où les systèmes fonctionnels de la société mondiale en train de naître ne s'arrêtent pas aux frontières nationales, des coûts extérieurs d'un ordre de grandeur jusqu'ici inconnu sont apparus — et avec eux, un besoin de régulation qui n'est pas à la mesure des capacités d'action politiques existantes. Cela vaut pour les déséquilibres propres au sous-système économique et pour une spéculation qui, depuis la crise financière de 2008, s'accroît de manière effrénée ; mais pas seulement. Un besoin mondial de régulation est aussi apparu au regard des déséquilibres écologiques et des risques technologiques majeurs. Or ce ne sont pas les États ou les coalitions d'États en tant que tels qui sont confrontés à ces problèmes induits par la mondialisation de la société, mais bien la politique au singulier.

Les problèmes sociaux se jouent des frontières ; ils ont cessé de ne se poser que dans le cadre institutionnel des États nationaux et de n'être que des objets de simple régulation intergouvernementale. C'est désormais sous une forme transfrontalière que la politique les rencontre. Face à la créativité et au pouvoir de destruction inouïs dont a fait preuve, en deux ou trois décennies, la mondialisation, qui est pourtant elle-même le fruit d'une volonté politique, c'est donc la relation entre politique et société en tant que telle qu'il s'agit désormais de discuter. L'ordre du jour de la politique mondiale n'est plus d'abord dominé par les conflits interétatiques ; un nouveau thème est en train de prendre le dessus : il s'agit désormais de savoir si la maîtrise des conflits internationaux potentiels peut, à partir de la coopération — jusqu'ici improbable — des puissances mondiales, donner lieu, non seulement au développement de normes et de procédures ayant une efficacité, elle aussi, mondiale, mais encore à celui de capacités politiques d'action, adaptées en conséquence, qui auraient prise sur un champ plus vaste. Ne voit-on pas là se répéter avec la constitutionnalisation du droit international le même rythme de développement que celui que nous avons connu avec l'unification européenne — passant de la pacification d'États en état de guerre virtuel permanent à la collaboration institutionnalisée d'États domestiqués ? Je commencerai, dans ce qui suit, par examiner les fonctions centrales des Nations unies — maintien de la paix et droits de l'homme (1) —, pour réfléchir ensuite à la nature de l'éventuel arrangement qui pourrait permettre de résoudre ce qui constitue le problème le plus urgent de la politique intérieure mondiale (2).

Les *Nations* unies constituent aujourd'hui une organisation *supranationale* composée de cent quatre-vingt-treize États. Entre le niveau supranational et le niveau national, s'est aussi développé *un niveau transnational* comprenant un grand nombre d'organisations internationales (comme par exemple, les agences spécialisées de l'ONU, telles que l'OMS, l'OIT, le HCR ou l'UNESCO, mais aussi de grandes organisations économiques mondiales telles que l'OMC, le FMI et la Banque mondiale, ou encore des instruments d'orientation politique informels organisant des « sommets » périodiques, comme le G8 et le G20[96]). Si l'on admet que les acteurs étatiques nationaux, qui concentrent encore pour l'essentiel les capacités d'action politique, ne sont pas en mesure de répondre au besoin de régulation de la société mondiale fonctionnellement différenciée, il s'ensuit un besoin urgent de combler les lacunes, en intervenant à la fois au niveau mondial et au niveau transnational[97].

Les Nations unies devraient être réorganisées en une communauté d'États *et* de citoyens politiquement constituée, en même temps que leurs fonctions devraient être limitées à ces fonctions centrales que sont le maintien de la paix et l'application universelle des droits de l'homme. En réformant en conséquence le Conseil de sécurité et les cours de justice internationales de leur ressort, les Nations unies devraient être institutionnellement à même d'exercer ces deux tâches de manière effective et équitable. Il est, en revanche, un autre besoin qu'il sera plus difficile de satisfaire : développer un système de négociation normativement impliqué dans la communauté mondiale, afin de résoudre les problèmes les plus pressants auxquels ne manquera pas d'être confrontée une politique intérieure mondiale (l'écologie et le changement climatique, les risques technologiques majeurs, la régulation d'un capitalisme aux mains des marchés financiers, et surtout les problèmes de répartition qui, dans cette société mondialisée fortement stratifiée, frappent les systèmes du commerce, du travail, de santé et des transports). Pour mettre en place une telle institution, sans doute la volonté politique fait-elle encore défaut pour l'instant, mais ce qui manque avant tout ce sont les acteurs capables d'agir à l'échelle mondiale — des acteurs qui, sur la base d'un mandat et de leur capacité à mettre en œuvre des accords de grande portée, s'imposeraient comme les membres naturels d'une telle institution composée d'instances représentatives (dont le G20 pourrait être une préfiguration — guère reconnaissable, il est vrai).

La structure sans précédent historique que constitue l'UE s'intégrerait sans la moindre solution de continuité à une société mondiale politiquement constituée, telle que j'en ai esquissé le contour en quelques mots-clés. On peut tout à fait déchiffrer, en effet, cet ordre politique mondial comme étant lui aussi le prolongement de la juridicisation démocratique du noyau substantiel du pouvoir étatique. *Car nous retrouvons, au niveau mondial, nos trois pierres de touche constitutives de toute entité démocratique commune, qui entreraient alors à nouveau dans une configuration différente*[98].

(1) Donner à la société mondiale une constitution (*Verfassung*) démocratique est un objectif qui appelle — ne serait-ce que pour les raisons conceptuelles qui exigent des ordres juridiques modernes qu'ils soient structurés à partir des droits subjectifs — la constitution (*Konstituierung*) d'une communauté des *citoyens du monde*. La figure de pensée qu'offre l'exemple de l'Union européenne, d'une *coopération constituante entre les citoyens et les États* montre comment la communauté internationale *des États* existante pourrait être complétée par la communauté des citoyens pour former une communauté *cosmopolitique*[99]. Celle-ci ne se constituerait (*konstituieren*) pas pour autant en république mondiale, mais en une association supra-étatique de citoyens et de peuples étatiques permettant aux États membres de conserver, dans ce cas aussi, la disposition des moyens de la force légitime — qui ne signifierait pas le droit d'en disposer librement. Les États nationaux formeraient ainsi, aux côtés des citoyens du monde le second sujet constituant de la communauté mondiale. En effet, dans ce cas aussi, les citoyens cosmopolitiques ont, ou auraient, de bonnes raisons de rester fidèles à leurs États dont ils peuvent — pourraient — attendre qu'ils jouent un rôle constitutif à tous les niveaux

supranationaux. Censés avoir déjà inscrit institutionnellement une part de justice politique dans ces formes historiques que sont les États, les citoyens peuvent à bon droit désirer que les États nationaux qu'ils ont réalisés soient maintenus en tant qu'entités collectives au sommet de l'organisation.

L'Assemblée générale qui serait composée de représentants des citoyens et des États garantirait que les perspectives de justice concurrentes, émanant d'un côté des citoyens du monde, et de l'autre des États, soient prises en considération de manière équilibrée. On le voit déjà aujourd'hui : les raisons égalitaires, qui en appellent à l'égal respect et à la répartition équitable, et que peuvent invoquer les *citoyens du monde,* sont confrontées à des raisons comparativement plus conservatrices émanant des *citoyens étatiques,* qui veulent pouvoir continuer d'exercer leurs libertés telles qu'elles ont déjà été réalisées dans le cadre étatique (et qui tentent de s'opposer à la destruction de ce modèle exemplaire qu'est l'État social participatif, sachant qu'un effondrement partiel de leur niveau de bien-être ne serait éventuellement pas à exclure). La concurrence de ces deux perspectives tire son bien-fondé de différences historiques de développement, dont la politique intérieure mondiale, quand bien même devraient-elles finir par être peu à peu surmontées, ne peut faire simplement abstraction. Il faudrait donc qu'un Parlement mondial les prenne également en compte, en particulier dans le rôle qui lui reviendrait d'interpréter la Charte des Nations unies afin d'assurer une progression continue du droit.

En plus des compétences qui sont déjà celles de l'Assemblée générale au sein de l'Organisation des Nations unies, une Assemblée rénovée (qui verrait donc ces compétences accrues, notamment en ce qui concerne la désignation et le contrôle du Conseil de sécurité et la mise en place des cours internationales de justice[100]) aurait pour tâche de faire évoluer et progresser la Charte, les deux pactes relatifs aux droits de l'homme et le droit international, en développant des normes contraignantes minimales qui :

— constitueraient le socle légal, à la fois de la politique des droits de l'homme et du maintien de la paix mis en œuvre par le Conseil de sécurité, et de la justice internationale ;

— engageraient les États nationaux à concrétiser la garantie des droits fondamentaux due à leurs citoyens ; et

— imposeraient, au niveau transnational, des limitations normatives à la forte concurrence des pouvoirs qui mine les décisions de politique intérieure mondiale.

Le cœur du dispositif organisationnel, autrement dit les deux composantes de l'Organisation mondiale, se réduirait mais, dans le même temps, son travail gagnerait en effectivité si les Nations unies se concentraient sur ce qui devrait être ses occupations premières : la mise en application de l'interdiction de recourir à la force et les droits de l'homme. L'Organisation se verrait en effet ainsi articulée et structurée de manière à pouvoir accomplir les fonctions limitées, mais élémentaires, qui sont les siennes, à savoir :

— la sécurisation défensive de la paix internationale dans le sens d'une mise en œuvre mondiale, équitable et effective de l'interdiction du recours à la force ;

— la sécurisation constructive de l'ordre intérieur des États affaiblis ; et

— le contrôle planétaire de la mise en application des droits de l'homme par les États, en même temps que la protection active des populations contre les gouvernements criminels, et ce, par

— des interventions humanitaires comprenant aussi l'obligation de créer et d'aménager des infrastructures durables et fonctionnelles.

Il faudrait enfin, l'application des résolutions de l'ONU ne pouvant donner lieu qu'à des interventions légales, que le droit humanitaire international soit développé et s'étende à un *droit de police*, qui, adapté aux nécessités militaires, serait appliqué par les États de droit.

Puisque la communauté mondiale ne peut recevoir aucun attribut étatique, elle est donc tributaire de la soumission des monopoles de la force aux résolutions du Conseil de sécurité — résolutions qui devraient être, quant à elles, soumises à un contrôle juridictionnel. Le fait que des États (ou des alliances régionales de défense) mettent leur potentiel au service de l'Organisation mondiale ne ferait que traduire le décalage — encore en gestation au niveau des Nations unies, mais déjà réalisé au sein de l'Union européenne — qui s'opère dans le rapport entre pouvoir de sanction et droit. Il suffirait que la conscience des États membres change, qu'ils commencent à ne plus se comprendre comme des puissances souveraines, mais comme les *membres* solidaires de la communauté internationale, pour que la tâche d'humaniser et de civiliser l'exercice du pouvoir politique se poursuive donc à un niveau encore supérieur.

Une juridicisation démocratique de la politique des Nations unies exigera, il est vrai, que le Parlement mondial reçoive en permanence des citoyens du monde, appelés à voter périodiquement, d'improbables retours l'informant sur l'état de leur volonté et de leur opinion telles qu'elles se forment. Or certaines raisons empiriques ne nous encouragent pas à espérer l'extension mondiale d'une solidarité civique, qui, à ce niveau *a fortiori*, devrait nécessairement prendre un caractère plus fluide[101]. On voit, par exemple, l'attention de la sphère publique mondiale s'enflammer à propos de tel ou tel événement d'ampleur, mais ce n'est jamais que de manière ponctuelle et elle ne se pérennise pas structurellement — en dépit des efforts fournis par les ONG dans leur action à l'échelle mondiale. Il faut dire que le scepticisme ne tire pas seulement sa raison d'être des limites de la capacité opératoire de cette sphère publique mondiale, effectivement émergente, sur laquelle Kant déjà avait fondé ses espoirs cosmopolitiques. On voit *aussi* resurgir ici le doute communautariste quant à une possible transnationalisation de la souveraineté du peuple — un doute qui, disons-le, n'est pas tout à fait infondé à l'échelle mondiale. En effet, le lien qui serait susceptible de se créer entre les citoyens du monde, grâce à une communication qui emprunterait les circuits offerts par la sphère publique mondiale, *ne s'inscrit plus ici dans le contexte d'une culture politique commune.* L'extension transnationale de la solidarité civique, sur laquelle il est encore permis de compter dans le cas d'une union de citoyens et d'États *circonscrite à un territoire* et marquée par des expériences historiques communes, ne trouve pour ainsi dire que le vide si on veut l'envisager à l'échelle mondiale.

C'est par la référence à une culture politique intersubjectivement partagée que toute entité politique commune, soit-elle grande et pluraliste, peut se distinguer de ce qui constitue son environnement. C'est pourquoi les élections démocratiques sont le résultat d'une formation de la volonté et de l'opinion pratiquée en commun, à laquelle l'usage recommande de s'auto-référer au « nous » d'une communauté, qui ne peut être qu'un « nous » particulier, *puisque la communauté est circonscrite.* Une élection au Parlement mondial serait donc la seule procédure de ce genre à être *totalement inclusive*, de sorte qu'inévitablement certains thèmes — relevant de l'*autodélimitation* et de l'*affirmation de soi* — ne pourraient y être abordés. Or on observe dans les campagnes électorales qu'un facteur d'affirmation de soi vient toujours s'associer aux questions qui touchent à l'éthos commun — qu'elles portent, par exemple, sur le niveau de sécurité des centrales nucléaires, ou encore sur le niveau d'ambition auquel doivent satisfaire le système éducatif, le système de santé ou celui des transports. Certes, l'ensemble des générations qui vivent sur cette terre, et qui constituent dans leur dispersion l'humanité actuelle, partage aussi, sans doute, des intérêts communs dans le développement durable des biens de première nécessité (dans la préservation de l'équilibre écologique et des ressources naturelles, par exemple, ou dans la prévention de pollutions radioactives majeures), mais ces intérêts demeurent abstraits. Les citoyens du monde ne forment pas un collectif qui tirerait sa cohésion d'un intérêt politique dans l'*affirmation de soi* d'une quelconque forme de vie imprégnée par une identité. Pour que de tels intérêts abstraits dans la survie de l'espèce puissent acquérir un caractère politique, il faudrait qu'ils perdent ce caractère d'abstraction et que, rattachés à une forme de vie définie, ils puissent entrer en concurrence avec d'autres intérêts liés à d'autres formes de vie.

Mais cela vaut-il également pour les deux intérêts qu'il incombe à la communauté cosmopolitique de protéger ? N'en va-t-il pas autrement pour les intérêts que présentent, d'une part, la prévention des guerres et des recours à la force, et, d'autre part, la mise en œuvre des droits fondamentaux ? Ne s'agit-il pas, dans ce cas, d'intérêts

« universels » *a fortiori*, qui sont si largement « dépolitisés » qu'ils sont partagés par la population mondiale au-delà de toutes les différences politico-culturelles — et qu'on ne peut juger les atteintes qui peuvent leur être portées que *d'un point de vue moral*, exclusivement ? Nous connaissons tous bien, et depuis toujours, ces situations de la vie quotidienne dans lesquels nous ressentons — sans la moindre connotation d'affirmation de soi — qu'il est de notre devoir d'être solidaire avec des personnes étrangères et avec tout ce qui porte visage humain. Seul cet univers moral, qui comprend toutes les personnes responsables de leurs actes — ce que Kant appelait le « règne des fins » —, est parfaitement inclusif : il n'exclut personne. Un tort causé à *quelque* personne *que ce soit*, une atteinte portée à l'intégrité de *quiconque*, offense notre sensibilité morale, provoque notre indignation ou nous pousse à porter secours. C'est de ces sentiments que se nourrissent les jugements moraux qui, dès lors que l'adoption réciproque des perspectives a permis d'avoir une perception suffisamment décentrée du conflit et de prendre en compte de manière équitable tous intérêts impliqués, peuvent être fondés en raison.

D'un autre côté, lorsque nous envisageons les tâches qui incombent aux Nations unies, c'est de droit et de politique que nous parlons, non de simple morale. Le droit se doit de suppléer partout où une division morale du travail est nécessaire parce que les jugements et les motivations individuelles ne suffisent pas[102]. Mais on observera avec intérêt que les normes juridiques qui sont justement applicables dans les domaines politiques auxquels devraient se cantonner les Nations unies, à savoir la proscription du recours à la force et les droits de l'homme, sont d'un genre particulier — ce sont précisément celles que des *rai-*

sons morales suffisent à justifier. En dépit de leur forme juridique, ces droits subjectifs prioritaires ont en effet un contenu exclusivement moral, parce que les droits de l'homme circonscrivent cette partie de la morale qui peut justement être traduite dans le médium du droit contraignant[103]. Ainsi s'explique la nature *plus juridique que politique* des décisions qui échoiraient aux Nations unies, si l'Organisation était réformée dans le sens que nous suggérons. Le Parlement mondial débattrait de ce tout ce qui, en arrière-plan, conditionne la justice globale, et le Conseil de sécurité adopterait des résolutions portant à conséquence, mais qui, soumises à un contrôle juridictionnel, pourraient en cas de non-application déboucher sur des actions en justice.

Cette focalisation sur des matières juridiques et morales — juridiques dans leur forme, morales dans leurs principes, réduit heureusement le besoin de légitimation au sein de l'Organisation mondiale. En effet, les principes en jeu, qu'ils aient trait à la justice distributive ou aux obligations négatives de ne commettre aucun crime contre l'humanité ou de ne pas conduire de guerres d'agression, sont tous ancrés dans l'élément moral au cœur de toutes les grandes religions universelles et des cultures qu'elles ont imprégnées. La connaissance intuitive de ces normes permettrait donc à tout citoyen du monde d'émettre un jugement moralement informé sur le travail des organes de l'Organisation mondiale, ceux-ci ayant l'obligation de fonder leurs décisions sur des critères adéquats — qui seraient transposés juridiquement, bien entendu, avec la minutie requise. Le *besoin de légitimation* se voyant, par conséquent, *réduit*, il n'y aurait plus lieu d'attendre des citoyens du monde qu'ils forment une volonté collective, au sens proprement politique de l'expression. Les élections au Parlement mondial n'exprimeraient qu'un « oui » ou un « non », se justifiant pour l'essentiel moralement, à l'application supranationale de normes et de principes moraux *supposés partagés.*

Au niveau de globalité auquel l'Organisation mondiale est active, on pourrait donc, en résumé, retenir ceci : la chaîne de légitimité, allant de l'État national à l'Organisation mondiale, en passant par des régimes régionaux tels que l'Union européenne, pourrait être ininterrompue, à condition

— que la communauté *internationale* soit élargie en communauté *cosmopolitique* grâce à une représentation électorale des *citoyens du monde* ;

— que la compétence des Nations unies soit *limitée* aux tâches centrales de maintien de l'ordre — tâches essentiellement juridiques dans leur nature, mais dont la teneur serait morale ; et

— que les liens communicationnels, prolongés par voie numérique au-delà de sphères publiques nationales désormais perméables, soient suffisants à l'échelle mondiale pour permettre à toutes les populations de se forger un jugement fondé sur le contenu moral des décisions prises au niveau des Nations unies.

(2) Il reste que le fil de chaîne que nous avons suivi pour décrire la simplification possible du processus de légitimation n'est recevable que pour les tâches de l'Organisation mondiale *qui concernent la sécurité.* Or décharger les Nations unies des questions de politique mondiale intérieure ayant une portée politique au sens strict, en particulier de celles *relatives aux différents aspects de la répartition*, a sa contrepartie[104]. Dans le scénario que nous ébauchons, les compromis que doivent négocier au niveau transnational les acteurs disposant d'une capacité d'action

mondiale (à savoir, les « puissances mondiales » « nées » et celles qui, structurées par l'intégration supranationale, seraient, dans l'idéal, pleinement représentatives de la société mondiale) s'opposent à une juridicisation démocratique dans le style de celle existant dans l'Union européenne ; il en sera ainsi tant que le système de négociation concerné ne reposera que sur des traités relevant du droit international. Selon le droit international classique, ce sont les gouvernements qui détiennent, en politique extérieure, la prérogative de conclure les traités internationaux, lesquels sont donc soumis à la légitimation et à la coopération démocratiques dans une bien moindre mesure que la politique intérieure, qui est subordonnée au contrôle parlementaire[105]. À première vue, une telle légitimation faible et au mieux indirecte caractérise également les négociations transnationales de la politique intérieure mondiale. Or si la chaîne de légitimation démocratique venait à se briser à ce niveau, il deviendrait du même coup impossible, dans le scénario dont nous proposons l'ébauche, de prétendre à l'unité d'un ordre juridique universel, à même de niveler les seuils entre droits internes et droit international.

À la différence de ce qu'il en est, ou de ce qu'il en serait, dans le cadre d'une Union européenne pleinement formée, les faiblesses de la légitimation résultent, en effet, de ce que la politique intérieure mondiale continue de devoir relever des négociations entre acteurs mondiaux (*global players*), sans la participation directe d'un Parlement mondial, et qu'elle ne peut pas être — par analogie avec le « *processus législatif* ordinaire » — *assumée conjointement par les États et par la représentation parlementaire des citoyens du monde.* Or il se trouve que, dans notre modèle, il serait impossible que les relations transnationales entre les acteurs mondiaux (*global players*) auxquels la politique intérieure mondiale est en principe confiée conservent leur conformité au droit international traditionnel. Le scénario que nous proposons a en effet l'ingénieux à-propos de faire que le processus se distribue sur *deux champs politiques différents,* entraînant par conséquent que *la légitimation se ramifie elle aussi en deux trains distincts.* Ainsi donc, les tâches relevant des politiques globales de sécurité et des droits de l'homme relèveraient de la compétence d'une Organisation mondiale constituée de telle sorte que le besoin de légitimation restreint requis par ses domaines politiques propres pourrait être *grosso modo* satisfait. Les tâches incombant également à la politique mondiale, mais relatives aux questions de répartition, n'entreraient pas quant à elles dans cette structure hiérarchique des compétences ; elles seraient dérivées vers un système transnational de négociation, dont les décisions seraient certes plus faiblement légitimées encore, mais ne seraient plus livrées, du moins, au *seul* jeu de la politique internationale de puissance.

Ce processus politique, dévié en quelque sorte vers l'horizontalité, devrait néanmoins demeurer *bien inscrit dans le contexte de la société mondiale constituée,* et pas seulement parce qu'il reviendrait à l'Organisation mondiale de veiller à l'équilibre factuel de la puissance — et à la représentation appropriée de chacun des États — au sein de l'instance de négociation transnationale. Il y aurait à cela deux autres raisons plus significatives. La première est que les négociations transnationales seraient menées par *les mêmes* acteurs que ceux qui auraient à mettre leurs forces armées à la disposition des politiques des droits de l'homme et de paix, qu'ils auraient eux-mêmes contribué à élaborer coopérativement, ce qui devrait les conduire à se comprendre aussi en tant que membres de la communauté cosmopolitique. La seconde est que, de ce fait même, les négociations transnationales pourraient se mener d'autant plus dans le respect des normes minimales en permanence réajustées par le Parlement mondial, en fonction du niveau de protection requis par les droits de l'homme.

Ces arguments ne suffisent toutefois pas à *tout à fait* combler le déficit de responsabilité parlementaire qui apparaîtrait dans la chaîne de la juridicisation démocratique d'une future politique intérieure mondiale. Mais le déficit lui-même s'explique par un fait d'histoire : il est, pour l'instant, illusoire de prétendre remplir une condition aussi exigeante que celle postulant des « conditions de vie unitaires », partout de par le globe. L'Organisation mondiale s'inscrivant dans la dimension temporelle et son objectif étant d'obliger la politique intérieure mondiale *à produire, à moyen terme,* un ordre mondial socialement plus juste, c'est là un fait qu'il faut juger avec un regard politique et non exclusivement moral. Moralement, nous ne pouvons que nous insurger contre l'injustice monstrueuse qui prévaut dans cette société mondiale hautement stratifiée, où il est insupportable de constater combien les biens de première nécessité et les chances de vie sont partagés de manière inéquitable[106]. En même temps, un scénario qui entreprend d'anticiper à aussi long terme un ordre mondial visant à humaniser et civiliser l'exercice du pouvoir politique doit aussi admettre que la non-contemporanéité des développements régionaux entraîne, entre les « modernités multiples »[107], des disparités socio-économiques qui ne peuvent être éradiquées *du jour au lendemain.*

Aujourd'hui, nous observons que le poids de la politique mondiale s'est déplacé vers l'économie, de sorte qu'il a été nécessaire, au milieu de la crise financière de 2008, d'étendre le club des nations industrielles les plus avancées de huit à vingt nations — le G20. Ce pas supplémentaire était attendu, mais, sous la pression toujours plus destructrice des marchés financiers, il faudrait qu'il s'accompagne des efforts nécessaires à l'établissement d'institutions et à la mise en œuvre de processus permettant que les problèmes qui, d'une manière ou d'une autre, se poseront nécessairement à la future politique intérieure mondiale, prennent l'allure de problèmes résolubles. Il ne manque pas de critères moraux, à la lumière desquels nous pouvons aujourd'hui juger les structures sociales et économiques dominantes, ou encore confronter aux exigences d'une plus grande « justice globale » les institutions existantes ou les pratiques en usage[108]. Une discussion philosophique sur la justice cesserait peut-être d'être sans conséquence et acquerrait toute sa pertinence politique, si elle pouvait seulement se tenir, non plus *in academia*, sur les bancs d'une université, mais sur ceux d'un Parlement mondial, qui, parce qu'il serait composé de représentants des États et des citoyens, *saurait prendre en compte le facteur temps, essentiel à la justice.* Comme aujourd'hui déjà dans l'UE, on verrait alors peut-être, dans la communauté mondiale (même si les horizons temporels ne peuvent pas être les mêmes), les perspectives de justice des deux sujets constituants — avec, d'un côté, les critères égalitaires des citoyens du monde et, de l'autre, les critères conservateurs des États membres (pour l'heure, il est vrai, encore différenciés selon leurs développements respectifs) — se rapprocher l'une de l'autre, sur le fond d'une harmonisation effective et politiquement voulue des conditions de vie.

TROISIÈME PARTIE

L'UTOPIE RÉALISTE DES DROITS DE L'HOMME

Chapitre V

LA CONCEPTION DE LA DIGNITÉ HUMAINE ET L'UTOPIE RÉALISTE DES DROITS DE L'HOMME

« Tous les êtres humains naissent libres et égaux en dignité et en droits » ; tels sont les premiers mots de l'article 1 de la Déclaration universelle des droits de l'homme, adoptée par les Nations unies le 10 décembre 1948. Dans le Préambule déjà, la dignité humaine et les droits de l'homme sont convoqués dans un même souffle dès le premier considérant[1], tandis que, dans le cinquième considérant, est réaffirmée la « foi dans les droits fondamentaux de l'homme, dans la dignité et la valeur de la personne humaine »[2]. La première section de la Loi fondamentale de la République fédérale allemande, adoptée le 23 mai 1949, est consacrée aux droits fondamentaux ; la première phrase de l'article 1 en est : « La dignité humaine est intangible. » Antérieurement, entre 1946 et 1949, trois des six constitutions régionales allemandes avaient eu recours à des formulations analogues[3]. Au niveau international, que ce soit dans le débat sur les droits de l'homme ou dans le domaine de la justice et de la jurisprudence internationales, désormais la dignité de l'homme joue là aussi un rôle prépondérant[4].

Il fut ainsi beaucoup question de l'intangibilité de la

dignité humaine dans la sphère publique allemande au cours de l'année 2006, lorsque le Tribunal constitutionnel fédéral censura pour inconstitutionnalité la « Loi sur la sécurité aérienne » que le Parlement fédéral venait d'adopter l'année précédente. Ayant à l'esprit le scénario qui avait amené l'attentat terroriste du 11 septembre 2001 contre les tours jumelles du World Trade Center à New York, le législateur avait voulu, pour le cas où des avions de ligne viendraient de nouveau à être détournés et transformés en bombes, autoriser l'armée de l'air à les détruire en vol avec leurs passagers, afin de protéger le nombre indéterminé des personnes menacées au sol, en nombre virtuellement grand quand bien même indéterminé. Or le Tribunal constitutionnel estima que l'homicide volontaire de passagers par un organe de l'État était contraire à la Loi fondamentale (art. 2, sect. 2[5]), et que l'obligation faite à l'État de respecter la dignité humaine des passagers devait prévaloir sur celle qui lui incombe également de protéger la vie de victimes potentielles d'une attaque terroriste : « L'État, en disposant de leur vie, dénierait aux personnes à bord de l'avion la valeur qui s'attache sans réserve à tout être humain, par et pour lui-même. »[6] Il est impossible de ne pas percevoir, dans ces termes, l'écho qui est fait à l'impératif catégorique kantien. Le respect de la dignité due à tout être humain interdit à l'État de disposer d'une personne, quelle qu'elle soit, comme d'un moyen, fût-ce dans le but de sauver la vie d'un grand nombre d'autres personnes.

Il est intéressant de constater que le concept philosophique de dignité humaine, qui est déjà en usage dans l'Antiquité et qui trouve dès le XVIIIe siècle, chez Kant, la formulation qui prévaut aujourd'hui, n'entre dans les textes du droit international qu'au milieu du XXe siècle, à la fin de la Seconde Guerre mondiale, et ne figure que dans les constitutions entrées en vigueur après cela. Et, s'il joue désormais un rôle central dans la justice et la jurisprudence internationales, c'est même depuis un temps plus court encore. Il n'apparaît, en tant que concept juridique, dans aucune des déclarations classiques des droits de l'homme au XVIIIe siècle, ni dans aucune codification du XIXe siècle[7]. Pourquoi est-il question, en droit, des « droits de l'homme » bien avant qu'il ne soit question de la dignité humaine ? Certes, les textes fondateurs des Nations unies, qui établissent expressément le lien entre les droits de l'homme et la dignité humaine, furent à l'évidence une réponse aux crimes de masse perpétrés sous le régime nazi et aux massacres de la Seconde Guerre mondiale. Faut-il alors trouver dans ce lien l'explication du statut prééminent accordé à la dignité humaine dans les constitutions allemande, japonaise et italienne d'après-guerre, et donc pour les régimes qui eurent à succéder à ceux à l'origine, directe ou indirecte, de cette catastrophe morale pour le XXe siècle ? Est-ce le lien historique à la Shoah qui a contribué à charger — et éventuellement alourdir — moralement l'idée des *droits de l'homme* en lui attachant le concept de *dignité humaine* ?

C'est ce que laisse supposer la carrière tardive du concept de dignité humaine dans les discussions, tant en droit constitutionnel qu'en droit international. Il y a bien une exception, au milieu du XIXe siècle. Dans les motivations qui justifient l'abolition de la peine de mort et des châtiments corporels dans la Constitution de Francfort de mars 1849 (§ 139), on lit en effet : « Un peuple libre doit respecter la dignité humaine, y compris dans le criminel. »[8] Il reste que cette constitution, issue de la première révolution bourgeoise en Allemagne, n'est jamais entrée en vigueur. Ainsi, d'une manière ou d'une autre, l'asymétrie temporelle entre l'histoire des *droits* de l'homme — que l'on peut faire remonter au XVIIe siècle —, et l'émergence récente du concept de *dignité* humaine, tant dans les codifications nationales et internationales que dans le développement et l'application de la justice au cours du dernier demi-siècle, demeure un fait remarquable.

Au contraire de l'hypothèse suggérant que ce ne serait que rétrospectivement que le concept des droits de l'homme serait parvenu à prendre en charge des contenus moraux, à travers le concept de dignité humaine, j'aimerais défendre ici la thèse selon laquelle, dès le départ, ne fût-ce en un premier temps que de manière implicite, un lien conceptuel étroit a existé entre les deux notions. N'est-ce pas d'abord et avant tout de la résistance à l'arbitraire, à l'oppression et à l'humiliation que sont nés les droits de l'homme ? Qui peut aujourd'hui prononcer le moindre de ces respectables articles — par exemple : « Nul ne sera soumis à la torture, ni à des peines ou traitements cruels, inhumains ou dégradants » (art. 5 de la DUDH) — sans entendre l'écho qui y retentit, des cris d'innombrables créatures humaines martyrisées, massacrées ? L'invocation des droits de l'homme se nourrit de l'indignation de ceux qui sont offensés par l'atteinte à la dignité humaine. Or, s'il en est ainsi dès le départ, on doit alors pouvoir montrer que le lien conceptuel opère aussi dans le développement du droit. Il nous faudra donc commencer par répondre à la question de savoir si l'expression « dignité humaine » traduit un concept fondamental riche d'un contenu normatif ou si elle n'ouvre sur rien de plus qu'un catalogue de droits individuels, que l'on ne fait que recueillir et qui n'ont entre eux aucun lien particulier.

Je commencerai par avancer un certain nombre de raisons, empruntées à la théorie juridique, qui plaident en faveur de l'hypothèse selon laquelle l'expression « dignité humaine » serait, bien plutôt qu'une catégorie subsumant un ensemble de concepts fondamentaux, une sorte de façade derrière laquelle se loge une pluralité de phénomènes différents, tout en étant, néanmoins, la « source »[9] morale à laquelle tous les droits fondamentaux puisent leur teneur (1). J'aimerais ensuite examiner, dans une perspective à la fois systématique et historico-conceptuelle, le rôle de catalyseur que joue le concept de dignité dans la manière dont les droits de l'homme se composent à partir de la morale rationnelle et de la forme du droit (2). Enfin, parce qu'ils trouvent leur origine dans cette source morale qu'est la dignité humaine, les droits de l'homme, en venant au jour, traduisent quelque chose qui a l'explosivité politique d'une utopie concrète ; j'aimerais conclure en défendant cette explosivité politique, tant contre ceux qui rejettent en bloc les droits de l'homme (Carl Schmitt) que contre ceux qui prétendent, depuis quelque temps, en aiguiser la radicalité (3).

(1) Les droits fondamentaux, du fait de leur généralité abstraite, ne peuvent être concrétisés qu'au cas par cas. C'est pourquoi les législateurs et les juges, tributaires qu'ils sont de contextes culturels différents, aboutissent souvent à des résultats variés — les réglementations relatives à des pratiques sujettes à controverses éthiques, telles que l'euthanasie, l'avortement ou les manipulations eugéniques du patrimoine génétique, en fournissent d'excellents exemples. Ce qui n'est pas controversé, en revanche, c'est que les catégories juridiques, du fait de ce besoin préalable d'interprétation, se prêtent particulièrement à la négociation et aux compromis. Ainsi on ne peut nier que l'invocation du concept de dignité humaine dans l'acte fondateur des Nations unies, par exemple, a permis

de produire beaucoup plus facilement — que ce soit dans les négociations de pactes relatifs aux droits de l'homme ou dans des conventions relevant du droit international — un consensus par recoupement[10] entre des partis d'origine culturelle différente : « Chacun a pu convenir du caractère central de la dignité humaine, sans avoir à convenir du pourquoi ou du comment. »[11]

Mais, du même coup, il est impossible que le sens que les juristes donnent à la dignité humaine puisse résider tout entier dans ce rôle d'écran de brume qui favoriserait l'occultation plus ou au moins transitoire de différences profondes. La fonction de compromis que la notion de « dignité humaine » a remplie, soit en contribuant à la propagation des droits de l'homme par leur différenciation, soit, au contraire, en permettant occasionnellement de neutraliser des différences insurmontables, ne peut pas expliquer son émergence, par la suite, *en tant que* concept juridique. J'aimerais montrer que la modification des circonstances historiques a, disons, tout au plus thématisé et fait venir à la conscience une dimension qui était, dès le départ, inscrite dans les droits de l'homme — à savoir cette substance normative inhérente à l'égale dignité propre à tout être humain, que les droits de l'homme déclinent cas par cas. C'est ainsi, par exemple, que lorsque des juges introduisent le droit à l'autodétermination informationnelle, pour prévenir les risques imprévus que le caractère intrusif des nouvelles technologies occasionne, ils peuvent le faire en s'appuyant sur la défense de la dignité humaine. Le Tribunal constitutionnel fédéral procède de même lorsque, dans sa décision pionnière du 9 février 2010[12], il fournit un seuil d'évaluation des droits aux prestations stipulés dans le § 20, sect. 2, du Livre II du Code de la Sécurité sociale (sur l'allocation-chômage de niveau 2[13])

— en « déduisant », en l'occurrence, de l'article 1 de la Loi fondamentale un droit fondamental à un minimum vital qui doit permettre à ses bénéficiaires (et à leurs enfants) une « participation [décente] à la vie sociale, culturelle et politique »[14].

C'est en faisant l'expérience de la dignité humaine blessée qu'en sont découverts les différents aspects — nous pouvons l'éprouver, par exemple, face aux conditions de vie insupportables et à la marginalisation des classes sociales défavorisées ; ou sur le lieu de travail, au regard des inégalités de traitement dont sont victimes les femmes par rapport aux hommes ; ou bien dans la vie sociale, au regard des discriminations dont sont l'objet les étrangers et les minorités culturelles, linguistiques, religieuses ou raciales, au regard des tourments auxquels sont en butte les jeunes femmes issues de l'immigration lorsqu'elles doivent se soustraire à la violence d'un code traditionnel de l'honneur, ou encore au regard de la brutalité avec laquelle sont expulsés les migrants illégaux et les demandeurs d'asile sont encore d'autres exemples. À la lumière des enjeux historiques, ce sont à chaque fois d'*autres* aspects de la dignité humaine qui sont actualisés ; ces traits de la dignité humaine, qui se spécifient à partir de la diversité des circonstances, peuvent alors tout aussi bien conduire à l'exhumation, *par une fouille plus large et plus profonde*, du contenu normatif de droits fondamentaux enfouis qu'à la découverte et la construction de *nouveaux* droits fondamentaux. De sous-jacente qu'elle est au départ, l'intuition pénètre d'abord la conscience des personnes concernées, puis entre dans les textes juridiques pour y être articulée conceptuellement.

Nous avons un exemple de ce déploiement progressif avec les droits sociaux fondamentaux, qui furent pour la première fois constitutionnalisés dans la Constitution du Reich allemand du 11 août 1919, dite « Constitution de Weimar ». Dans l'article 151, nous lisons que l'organisation économique doit viser à « garantir à chacun les conditions d'une existence digne de l'homme ». Ici, le concept de dignité humaine reste encore enfoui sous l'emploi prédicatif d'une expression du langage courant. Or, dès 1944, dans un contexte analogue, l'Organisation Internationale du Travail (ILO/OIT) recourt déjà à la rhétorique complète de la dignité humaine[15]. Et, quelques années plus tard, la Déclaration universelle des droits de l'homme peut en venir à déclarer l'octroi de droits économiques, sociaux et culturels, de sorte que chacun puisse jouir des conditions de vie « indispensables à sa dignité et au libre développement de sa personnalité »[16]. On parle, depuis lors, des différentes « générations » de droits de l'homme. Mais ce qui est viabilisé à partir de la fonction heuristique de la dignité humaine, c'est aussi et surtout le lien logique qui associe les quatre catégories de droits que nous connaissons : les droits fondamentaux ne peuvent honorer au niveau politique la promesse morale consistant dans le respect de la dignité humaine que s'ils opèrent, dans toutes leurs catégories, *à part égale et de manière concomitante*[17].

Les *libertés fondamentales* — se cristallisant autour de l'intégrité et de la liberté de mouvement de la personne, autour de la liberté du commerce et de la liberté de culte, et visant à protéger la sphère privée des interventions de l'État — constituent avec les *droits participatifs démocratiques* le bloc central de ce que l'on appelle les droits fondamentaux classiques. Or, de fait, les citoyens ne peuvent exercer ces droits à égalité de chances que si, dans le même temps, ils sont assurés, dans leur existence privée et économique, de jouir d'une indépendance suffisante et de pouvoir à la fois forger et affermir leur identité personnelle dans l'environnement culturel qu'ils désirent. Les expériences d'exclusion, de misère et de discrimination nous apprennent que les droits fondamentaux classiques n'acquièrent une « valeur égale » (Rawls[18]) pour tous les citoyens que s'ils s'accompagnent de *droits sociaux* et *culturels*. Le fait que chacun puisse faire valoir son droit à un accès équitable au bien-être et à la culture oppose une limite stricte à la menace que fait peser sur les destins individuels le transfert des coûts et des risques *d'origine systémique*. La revendication de ce droit vise à résister au creusement des grandes inégalités sociales et à l'exclusion de groupes entiers hors de l'ensemble des échanges culturels et sociaux. Une politique telle que celle qui a dominé au cours de ces dernières décennies, non seulement aux États-Unis et en Grande-Bretagne, mais aussi sur le continent européen, et même dans le monde entier, c'est-à-dire une politique non seulement qui renonce à pouvoir garantir *d'abord* aux citoyens les moyens d'une vie qu'ils déterminent par eux-mêmes, mais qui, en outre, ne fait pas prévaloir ces garanties sur celles couvrant les libertés économiques, est une politique qui détruit l'équilibre entre les différentes catégories de droits fondamentaux. La dignité humaine, qui est la même partout et pour tous, est ce qui fonde en raison l'*indivisibilité* des droits fondamentaux.

Ce développement permet également d'éclairer la prévalence qu'a acquise le concept dans l'application de la justice et dans la jurisprudence. Plus les droits fondamentaux pénètrent en force dans le système juridique, et plus augmente la fréquence avec laquelle ils vont au-delà de la relation verticale entre les individus et l'État pour se diffuser dans les relations horizontales qui lient ou opposent les citoyens entre eux. C'est pourquoi les collisions se multiplient, qui rendent nécessaire un arbitrage entre des revendications de droits fondamentaux concurrents[19]. Dans ce genre de cas difficiles (*hard cases*), une décision fondée ne sera le plus souvent possible que parce qu'aura été mise en évidence une atteinte à la dignité humaine là où elle est censée *prévaloir absolument* et où elle exige la priorité. On ne peut donc pas dire que ce concept, dans l'argumentation des cours de justice qui rendent des décisions de ce genre, joue le moins du monde le rôle d'un vague substitut de catégorie, suppléant le manque d'intégration conceptuelle de la thématique des droits de l'homme. La « dignité humaine » est un sismographe qui montre ce qui est constitutif de l'ordre juridique démocratique — à savoir, précisément, les droits dont les citoyens d'une entité politique commune doivent se doter afin de pouvoir se *respecter* mutuellement en tant que membres d'une association volontaire entre égaux libres. *Une fois que ces droits — les droits de l'homme — sont garantis peut alors émerger le statut de citoyen, et c'est en tant que sujets de ces droits, les mêmes pour tous, que les citoyens sont fondés à être respectés dans leur dignité humaine.*

Deux siècles d'histoire constitutionnelle moderne nous permettent de mieux discerner ce qui a déterminé ce développement *depuis son début* : la dignité humaine constitue en quelque sorte le sas que le contenu universaliste égalitaire de la morale doit franchir pour entrer dans le droit. L'idée de dignité humaine constitue la charnière conceptuelle grâce à laquelle la morale de l'égal respect dû à chacun s'articule au droit positif et à la procédure législative démocratique ; c'est de leurs interactions qu'a pu résulter, lorsque les circonstances historiques s'y sont prêtées, un ordre politique fondé sur les droits de l'homme.

Certes, les déclarations classiques des droits de l'homme trahissent encore leur origine religieuse et métaphysique ; on lit dans la Déclaration de Virginie qu'il s'agit de droits « inhérents de nature » ; dans la Déclaration française, qu'ils sont « naturels, inaliénables et sacrés », et énoncés « sous les auspices de l'Être suprême » ; dans la Déclaration de Philadelphie, que les hommes ont été « créés égaux » et « sont dotés par le Créateur de certains droits inaliénables », et que ce sont là des « vérités » que l'on doit tenir « comme allant d'elles-mêmes ». Des prédicats de ce genre, dans un État neutre du point de vue des visions du monde, ne jouent plus assurément qu'un rôle de substituants. Ils rappellent que le mode cognitif qui permit *de fonder avec l'approbation de tous* le contenu moral surérogatoire de ces droits *n'était pas à la disposition de l'État.* Mais il n'en était pas moins clair pour les pères fondateurs que les droits de l'homme, abstraction faite de leur fondation purement morale, devaient être « déclarés » dans une perspective démocratique, et spécifiés et mis en œuvre dans le cadre d'une entité politique commune.

La promesse morale devant, pour se concrétiser, être convertie en monnaie juridique, les droits de l'homme ont le visage de Janus, à la fois tourné vers la morale et vers le droit[20]. Nonobstant leur *teneur* exclusivement morale, leur *forme* est celle de droits subjectifs dont la violation est pénalement punissable et qui garantissent ainsi à l'individu des espaces de liberté et de revendication. Ils sont agencés de manière à pouvoir être *concrétisés* par la voie législative démocratique, *spécifiés* au cas par cas par la jurisprudence et *imposés* par la force légale de l'État, qui sanctionne leur non-respect. Les droits de l'homme circonscrivent donc cette partie d'une morale rationnelle et ouverte qui *peut* être traduite dans le médium du droit contraignant, et devenir, sous la forme robuste de droits fondamentaux effectifs, une réalité politique[21].

(2) Dans cette catégorie de droits, toute nouvelle à l'époque, se sont à nouveau trouvés réunis deux éléments qui, à l'aube de la modernité, s'étaient préalablement dégagés de la symbiose jusnaturaliste des faits et des normes pour s'autonomiser et, au moins en un premier temps, se différencier dans des directions opposées. Il s'agit, d'un côté, de la morale — intériorisée, ancrée dans la conscience (morale) subjective et fondée en raison —, qui, chez Kant, s'était tout entière repliée dans le domaine de l'intelligible ; et, de l'autre, du droit positif et contraignant, qui avait servi aux despotes absolutistes et aux assemblées de l'ancien parlementarisme de moyen d'organisation orienté par le pouvoir pour mettre en place l'appareil d'État et le capitalisme marchand. C'est de l'improbable synthèse de ces deux éléments que résulte le concept des droits de l'homme. *Et c'est par le biais du concept-charnière de « dignité humaine » que s'est réalisée la jonction.* Provenant de la langue soutenue, le concept de dignité humaine s'est lui-même transformé au cours de ce processus de jonction. Il est évident que la langue usuelle y a eu aussi sa part, notamment par les représentations de la dignité sociale qu'elle véhiculait et qui, dans la société d'ordres et de corporations du Moyen Âge et du début des Temps modernes, renvoyaient à chaque fois à des statuts particuliers[22]. Mais l'hypothèse que je développe par la suite requiert à vrai dire des justifications historiques plus précises, que ce soit du point de vue de l'histoire des concepts ou de celui de l'histoire des idées liée aux révolutions européennes.

Dans l'optique d'une généalogie des droits de l'homme, j'aimerais faire ressortir deux aspects : d'un côté, le rôle de la « dignité humaine » dans le changement de perspective que suppose le passage de devoirs moraux à des droits juridiques (a) ; de l'autre, la généralisation paradoxale d'un concept qui, originairement, n'était pas configuré pour caractériser l'égale reconnaissance de la dignité de chacun, mais au contraire les *différences* de statut (b).

(a) Les doctrines morales et juridiques modernes fondées sur la raison s'appuient à la fois sur le concept fondamental de l'autonomie individuelle et sur le principe de l'égal respect de chacun. Toutefois, cette assise commune masque bien souvent une différence décisive : tandis que la morale nous impose des devoirs, qui sont de tous les domaines pratiques sans exception, le droit moderne ménage, pour sa part, des espaces de liberté dans lesquels peuvent avoir cours l'arbitraire privé et la possibilité individuelle de façonner sa vie à son gré. Les révolutionnaires ayant posé comme préalable que la loi permet tout ce qu'elle n'interdit pas de manière expresse, ce ne sont pas les obligations qui sont au départ de la construction des systèmes juridiques, mais les droits subjectifs. Pour Hobbes et pour le droit moderne, l'élément déterminant est l'égale habilitation de toutes les personnes à faire et laisser faire ce que bon leur semble, pourvu que ce soit dans le cadre des lois. Lorsque les acteurs exercent leurs droits, ils entrent dans une autre perspective que celle qu'ils adoptent lorsqu'ils *observent* des commandements moraux. Dans une *relation morale*, une personne se demande ce qu'elle doit à une autre sans tenir le moindre compte de la relation sociale qui la lie à elle — de son degré de proximité, de son comportement ou de ce qu'elle peut en attendre. Lorsqu'elles se trouvent dans une *relation juridique*, les personnes réagissent en revanche à des *prétentions* — celles que chacune peut *élever* par rapport à l'autre. Dans une communauté juridique, les obligations ne naissent pour une première personne que par suite de ce qu'une seconde personne peut exiger d'elle[23].

Imaginons un policier qui veut, au mépris de la loi, extorquer les aveux d'un suspect en le menaçant de torture. Dans le rôle de la personne morale, il se peut que le policier ait mauvaise conscience — tout d'abord du fait de brandir une menace et *a fortiori* à l'idée de faire souffrir quelqu'un ; si c'est le cas, ce sera indépendamment de l'attitude du délinquant. En revanche, il n'y aura de relation juridique effective entre le policier et le gardé à vue que si *ce dernier* s'insurge et exige le respect de ses droits (ou si un procureur réagit à l'infraction). Naturellement, la personne menacée est, dans les deux cas, porteuse de prétentions normatives, préjudiciées par la menace de torture. Mais pour déclencher la mauvaise conscience du contrevenant, il suffit que la morale soit lésée, alors que la relation de droit, objectivement lésée elle aussi, demeurera latente tant qu'elle n'aura pas été rendue actuelle par la formulation d'une revendication.

C'est pourquoi Klaus Günther voit dans le « passage d'obligations morales réciproques à des droits réciproquement institués et octroyés » un acte « d'autohabilitation à l'autodétermination »[24]. *Passer d'une morale fondée sur la raison à un droit rationnel suppose une permutation* : de perspectives qui se croisent symétriquement et qui impliquent dans chaque sens le respect et l'estime de l'autonomie *d'autrui*, on passe à la revendication de la reconnaissance et de l'estime, dans chaque sens, de *sa propre* autonomie *de la part* d'autrui. Les égards que la morale commande envers autrui blessé font place à la *revendication* consciente à être reconnu juridiquement comme un sujet autodéterminé qui « vit, ressent et agit selon son propre jugement »[25]. La reconnaissance *réclamée* par les citoyens va donc au-delà de la reconnaissance morale qui ne consiste qu'à s'habiliter réciproquement dans le statut de sujet agissant en responsabilité ; elle a le sens bien assis du respect *qu'exige* un statut *associé à un mérite* et, sous cet angle, elle se nourrit bel et bien des connotations liées à la « dignité » que conférait, autrefois, l'appartenance à des corporations en vue.

(b) Le concept concret de dignité ou d'« honneur social » appartient au monde des sociétés traditionnelles hiérarchisées. Une personne y recevait dignité et considération pour elle-même, en vertu, par exemple, du code d'honneur de la noblesse, des statuts propres aux guildes de métiers ou de la conscience corporative des universités. Dès lors que ces dignités statutaires, dont on parlait au pluriel, se sont condensées en une seule pour donner la dignité universelle « de l'homme », cette nouvelle dignité abstraite s'est délestée des qualités, chaque fois particulières, liées aux éthos spécifiques aux ordres ou aux corporations. En même temps, cependant, la dignité universalisée, également partagée entre tous, conserve la connotation d'une *considération pour soi-même* reposant sur la *reconnaissance sociale*. En tant que telle, par conséquent, la dignité humaine requiert l'ancrage dans un statut civil, c'est-à-dire l'appartenance à une entité politique commune organisée, et située dans le temps et dans l'espace, étant entendu que ce statut doit être le même pour tous. Le concept de dignité humaine transmet le contenu d'une morale de l'égal respect pour chacun à l'ordre statutaire des citoyens, lesquels puisent leur considération de soi dans le fait d'être reconnus par tous les autres citoyens comme des *sujets pouvant également prétendre aux mêmes droits*.

Il n'est pas anodin, à cet égard, que ce statut ne puisse être établi que dans le cadre d'un État constitutionnel, qui est tout sauf une réalité naturelle ou spontanée. Un tel

État doit en effet *avoir été créé* par les citoyens eux-mêmes *avec les moyens offerts par le droit positif* ; au gré des circonstances historiques, il doit être ensuite protégé et sans cesse développé. En tant que concept juridique moderne, la dignité humaine va de pair avec le statut qui revient aux citoyens dans l'ordre politique qu'ils ont *créé pour eux-mêmes.* Les citoyens ne jouissent, en tant que destinataires, des droits qui protègent leur dignité que s'ils parviennent à instaurer et à maintenir un ordre politique fondé sur les droits de l'homme[26]. La dignité que confère le statut de citoyen s'alimente à l'estime républicaine produite par le processus démocratique et à l'attention portée au bien commun, qui doit l'accompagner. Cela rappelle un peu la signification qu'avait le mot *dignitas* dans la Rome antique — qui recouvrait le prestige que retiraient les hommes politiques et les magistrats de leur dévouement à la *res publica* —, à cette différence près, toutefois, que ceux qui étaient honorés de la dignité étaient peu nombreux, alors que l'État constitutionnel la garantit *également à tous* les citoyens.

Jeremy Waldron souligne ce qu'il y a de paradoxal dans le fait que le concept égalitaire de dignité humaine résulte d'une généralisation de dignités visant à particulariser ceux qui en sont honorés, et qui comporte donc, ce qu'il ne faut pas oublier, la connotation de ce qui distingue en « magnifiant » : « autrefois associée à des différenciations hiérarchiques de rang et de statut, la "dignité" traduit aujourd'hui l'idée que tous les êtres humains sont de même rang et que ce rang est de fait un rang très élevé ». Waldron se représente la généralisation comme un accès désormais donné à tous les citoyens au rang le plus haut possible, par exemple celui autrefois réservé à la noblesse. Soit. Mais cela nous renseigne-t-il sur le sens de l'égalité dans la dignité ? Des précurseurs dans l'Antiquité, notamment le stoïcisme et l'humanisme romain — par exemple, Cicéron —, disposaient eux aussi d'un concept de dignité humaine, qui ne livre, lui non plus, aucune passerelle sémantique permettant d'accéder au sens égalitaire de la conception moderne. La *dignitas humana* de l'Antiquité s'expliquait à partir de la position ontologique insigne que l'homme occupait dans le cosmos, à partir du rang particulier qui lui était assigné en vertu de ses attributs génériques, tels que la raison et la réflexion, qui le distinguaient des êtres vivants « inférieurs ». La supériorité de l'espèce justifie peut-être qu'on cherche ainsi à la distinguer pour la protéger, mais ne fonde assurément pas l'intangibilité de la dignité individuelle comme source de prétentions normatives.

Deux étapes décisives manquent encore à notre généalogie du concept. Pour qu'il pût y avoir généralisation collective, il fallait qu'au préalable l'individualisation se fût fait jour. C'est de la *valeur de l'individu* dans les relations horizontales entre êtres humains qu'il s'agit, non de la position de « l'homme » dans la relation verticale à Dieu ou à des êtres inférieurs. En second lieu, il fallait que la valeur absolue de la personne se fût aussi substituée à la supériorité relative de l'humanité et de ses membres individuels, car c'est de la valeur *incomparable* de tout un chacun qu'il s'agit également. Ce sont ces deux étapes, qui furent franchies en Europe par l'appropriation philosophique de thèmes et de figures de pensée provenant de la tradition judéo-chrétienne, et je voudrais les rappeler[27].

Dès l'Antiquité, un lien étroit a été introduit entre *dignitas* et *persona*, mais ce n'est que dans les discussions médiévales sur la création de l'homme à l'image de Dieu que la personne individuelle s'est démarquée de sa structure de rôle. Personne ne peut être représenté ou remplacé lors du Jugement dernier. Il y eut ensuite un autre moment dans l'histoire conceptuelle de l'individualisation, lorsque la seconde scolastique espagnole s'efforça de distinguer les droits subjectifs de l'ordre objectif du droit naturel[28]. Mais ce n'est que lorsque Hugo Grotius et Samuel Pufendorf moralisèrent la compréhension de la liberté individuelle que se produisit la bifurcation décisive. C'est cette compréhension que Kant affûta dans une perspective déontologique pour en faire un concept d'autonomie, dont la radicalité toutefois se paie du statut incorporel de la volonté libre dans un « règne des fins » qui n'appartient plus au monde. La liberté consiste désormais dans la capacité de la personne à se donner à elle-même sa propre loi en raison. Le rapport des êtres raisonnables entre eux est déterminé par la reconnaissance réciproque de la capacité législative universelle dans la volonté de chacun, en quoi il ne doit « jamais se traiter lui-même ni traiter autrui en général simplement comme un moyen, mais toujours en même temps comme une fin en soi »[29]. Sont ainsi posées les limites d'une sphère qui doit absolument exclure qu'on puisse jamais disposer d'autrui. La « dignité infinie » de chaque personne consiste dans l'exigence qu'autrui, quel qu'il soit, tienne pour intangible cette sphère de la volonté libre et la respecte en tant que telle.

On notera avec intérêt que, chez Kant, le concept de dignité humaine n'a pas de fonction systématique ; la charge de la preuve revient tout entière à l'explication de l'autonomie par la philosophie morale : « Ainsi, l'autonomie est le principe de la dignité de la nature humaine et de toute nature raisonnable. »[30] Avant de pouvoir comprendre ce que signifie la « dignité humaine », il nous faut concevoir le « règne des fins »[31]. Dans sa *Doctrine du droit,* Kant introduit les droits de l'homme — ou plutôt le « seul » droit qui appartienne à l'homme « en vertu de son humanité »[32] —, en procédant à une immédiate « levée du voile »[33] afin de le saisir dans la liberté de tout un chacun, « dans la mesure où elle peut coexister avec la liberté de tout autre suivant une loi universelle »[34]. Chez lui aussi les droits de l'homme puisent leur contenu moral, décliné au cas par cas dans la langue du droit positif, à la source d'une dignité humaine comprise de manière à la fois universaliste et individualiste. Mais celle-ci coïncide avec une liberté intelligible au-delà de l'espace et du temps et se déleste ainsi, précisément, des connotations statutaires qui en avaient fait ès qualités un élément de liaison entre la morale et les droits de l'homme. Or c'est bien en cela que la juridicité des droits de l'homme est à la fois fine et ingénieuse : les droits de l'homme protègent une dignité humaine qui tire ses connotations de considération de soi et de reconnaissance sociale d'un statut spatio-temporel — en l'occurrence celui du citoyen de l'État démocratique[35].

L'histoire conceptuelle nous livre donc trois éléments : un concept hautement moralisé de la dignité de l'homme ; le rappel à une compréhension traditionnelle de la dignité sociale et, avec l'émergence du droit moderne, l'attitude consciente de soi de personnes juridiques qui opposent des exigences à d'autres personnes juridiques. Il nous faudrait maintenant passer de l'histoire conceptuelle à l'histoire sociale et politique, afin de rendre, aussi peu que ce soit, recevable la dynamique permettant au fond de la morale rationnelle de s'agréger à la forme du droit positif, et ce par la généralisation d'une « dignité », statutaire à l'origine, en « dignité humaine ». On peut ouvrir une piste à cet égard — certes dans une direction plus illustrative que fermement historique. Faire valoir et imposer les droits de l'homme a rarement été une affaire pacifique. Les droits de l'homme résultent de luttes violentes, parfois révolutionnaires, pour la reconnaissance[36]. Nous pouvons imaginer rétrospectivement l'état d'esprit militant dans lequel ces trois éléments conceptuels pourraient s'être entrecroisés dans la tête des premiers combattants de la liberté (disons : les « niveleurs »[37]). Les expériences historiques de la dégradation et de l'avilissement leur fournissaient des raisons de résister — depuis qu'une lecture chrétienne les interprétait à la lumière d'une compréhension égalitaire de la dignité. Mais, en revendiquant des droits universels, c'est dans la langue du droit positif qu'ils pouvaient désormais exprimer leur indignation politique. Peut-être envisagèrent-ils même corollairement — en souvenir de l'ancienne conception statutaire de la dignité qui leur était encore familière — que ces droits fondamentaux pussent servir de base à un statut des citoyens que ceux-ci s'accorderaient les uns aux autres en se reconnaissant réciproquement comme des sujets titulaires des mêmes droits.

(3) Que les droits de l'homme trouvent leur origine dans des luttes explique sans doute, pour partie, le caractère polémique qu'ils revêtent encore aujourd'hui, mais pour partie seulement. Cela vient aussi de leur charge morale, qui ne peut pas être complètement endossée par la sanction étatique et les laisse pour ainsi dire dans un état d'incomplétude. C'est cet état qui explique — car c'est de lui qu'elle provient — qu'une tension lourde de défis soit apparue dans les sociétés modernes à la suite des révolutions constitutionnelles de la fin du XVIIIe siècle. Dans l'espace social, il existe toujours et partout un écart entre les normes et les comportements factuels ; mais de la pratique, sans précédent historique, qui consista à créer

une constitution démocratique, est né un écart d'une tout autre nature, à savoir un écart entre la dimension utopique et la dimension temporelle. D'un côté, les droits de l'homme ne peuvent accéder à la « validité » positive de droits fondamentaux que dans le cadre d'une entité politique commune particulière — qui fut d'abord l'État-nation. De l'autre, la validité universelle à laquelle ils prétendent — et qui outrepasse donc toutes les frontières nationales — ne pourrait être honorée que dans une entité politique commune dont la capacité d'intégration serait à l'échelle du monde[38]. Cette contradiction ne pourrait donc trouver de solution raisonnable que dans une société mondiale démocratiquement constituée (qui, par conséquent, ne devrait pas elle-même revêtir les qualités d'un État)[39]. Depuis le début, il existe, entre les droits de l'homme et ceux du citoyen, une tension dialectique qui peut, lorsque les circonstances historiques s'y prêtent, déclencher une dynamique « qui ouvre les portes » (pour reprendre une expression de Lutz Wingert).

Cela ne veut pas dire que, sans mouvements sociaux et sans luttes politiques, sans une inlassable résistance à la répression et à l'avilissement, il aurait été possible d'intensifier la protection des droits de l'homme à l'intérieur des États nationaux et, à l'extérieur, de les propager mondialement. La lutte pour imposer les droits de l'homme se poursuit dans nos propres pays, pas moins, par exemple, qu'en Chine, en Afrique, en Russie, en Bosnie ou au Kosovo. Chaque demandeur d'asile expulsé ou détenu dans la zone de transit d'un aéroport, chaque embarcation de refugiés qui chavire au large de Lampedusa, chaque coup de feu essuyé sur la clôture de sécurité à la frontière nord du Mexique est un nouveau motif de préoccupation pour le citoyen occidental. Avec la première déclaration des droits de l'homme a été posé un standard normatif dont les réfugiés, les déchus, les exclus, les bafoués et les humiliés peuvent s'inspirer pour prendre conscience de ce que leur souffrance n'a rien d'un destin naturel. Avec l'entrée des premiers droits de l'homme dans le droit positif a été créée l'*obligation juridique* d'en réaliser les contenus moraux surérogatoires ; cette obligation s'est gravée dans la mémoire de l'humanité.

Les droits de l'homme forment donc une utopie *réaliste* puisqu'ils ne font plus miroiter des images de bonheur collectif enluminées par l'utopie sociale, mais un objectif idéal de société juste inscrit dans les institutions mêmes des États constitutionnels[40]. Il est vrai que cette idée surérogatoire de justice crée du même coup une tension problématique dans la réalité politique et sociale. Sans parler de la valeur purement symbolique que prennent les droits fondamentaux dans les démocraties de façade telles qu'il s'en trouve en Amérique du Sud et ailleurs[41], une contradiction est avérée dans la politique des droits de l'homme des Nations unies entre, d'une part, une propagation de la rhétorique des droits de l'homme et, de l'autre, les détournements dont ils font l'objet lorsqu'ils ne servent qu'à légitimer l'habituelle politique de puissance. Certes, l'Assemblée générale de l'ONU pousse à la *codification du droit international* et favorise des énoncés différenciés des droits de l'homme, comme le montre par exemple l'adoption des divers pactes les concernant. L'*institutionnalisation* des droits de l'homme aussi a fait des progrès — on peut mentionner la mise en place de la procédure de plainte individuelle, la publication de rapports périodiques sur la situation des droits de l'homme dans chacun des États membres, et surtout la création de tribunaux internationaux analogues à la Cour européenne des droits de l'homme, de tribunaux pour crimes de guerre et de la Cour pénale internationale. Beaucoup plus spectaculaires sont les interventions humanitaires décidées par le Conseil de sécurité au nom de la communauté internationale, y compris au besoin contre la volonté des gouvernements souverains. Mais c'est précisément dans ces occasions que le fait de tenter de promouvoir un ordre mondial dont l'institutionnalisation n'est encore que fragmentaire a pris toute sa dimension problématique ; ce n'est pas tant le fait que certaines de ces tentatives ont échoué alors qu'elles étaient légitimes qui est grave, c'est l'ambiguïté qui préside à leur mise en œuvre et qui finit par jeter une ombre sur les critères moraux eux-mêmes.

Je me souviens de décisions prises par le Conseil de sécurité — par ailleurs, non représentatif — qui étaient littéralement borgnes à force d'être sélectives, unilatérales et partisanes ; je me souviens aussi de la frilosité et de l'incompétence avec laquelle certaines interventions furent décidées — et des catastrophes que provoqua à l'occasion leur échec (Somalie, Rwanda, Darfour). Comme pour n'y rien changer, ces opérations de police ont été conduites comme des guerres, la mort et la misère infligées par la soldatesque à des populations innocentes étant euphémisées en « dommages collatéraux » (Kosovo). Comme pour n'y rien changer, les puissances intervenantes n'ont absolument jamais prouvé qu'elles avaient la force et la patience de s'engager véritablement dans la réédification matérielle des États (*state-building*), en reconstruisant, par exemple, les infrastructures endommagées ou détruites dans les zones pacifiées (Afghanistan). Si la politique des droits de l'homme devient à la fois l'instrument qui impose les intérêts des grandes puissances et la feuille de vigne avec laquelle on le masque ; si la superpuissance américaine met de côté la Charte des Nations unies pour se confectionner un droit d'intervention à sa mesure ; si elle conduit une invasion au mépris du droit humanitaire international et qu'elle la justifie en invoquant des valeurs universelles ; alors on a raison de soupçonner le programme des droits de l'homme et de penser qu'il *réside* dans l'impérialisme au moyen duquel on en mésuse[42].

La tension entre idée et réalité — qui dorénavant travaille la réalité elle-même puisque les droits de l'homme ont acquis un statut positif — nous met au défi de penser et d'agir de manière réaliste, sans néanmoins trahir l'élan utopique initial. Face à une telle ambivalence, nous ne sommes à vrai dire que trop facilement tentés soit de nous rabattre du côté des contenus moraux surérogatoires — on opte pour l'idéalisme, mais il n'engage à rien —, soit d'adopter la posture cynique des prétendus « réalistes ».

Dans la mesure où le programme des droits de l'homme, à la faveur de sa force subversive, s'est désormais infiltré partout, dans tous les pores de *toutes* les régions du monde, être réaliste aujourd'hui ce n'est plus rejeter ce programme en bloc à la manière de Carl Schmitt ; le « réalisme » d'aujourd'hui a pris un autre visage. À la critique frontale des droits de l'homme qui entendait faire tomber les masques, il préfère la déflation douce. Ce nouveau minimalisme joue la détente en coupant les droits de l'homme du moteur moral qui leur est essentiel : la protection de l'égale dignité de tous les êtres humains.

Kenneth Beynes, s'appuyant sur John Rawls, distingue cette approche, dont il dit qu'elle est une conception « politique » des droits de l'homme[43], des conceptions jusnaturalistes qui en font des droits « innés » devant revenir à toute personne en vertu simplement de sa nature humaine : « Les droits sont compris comme des conditions d'inclusion dans une communauté politique. »[44] Je suis d'accord avec cela. Ce qui me pose problème, c'est ce qui vient ensuite et qui consiste à occulter le sens moral de cette inclusion — que chacun en tant que sujet à égalité de droits soit respecté dans sa dignité humaine. Les désolants échecs de la politique des droits de l'homme nous commandent assurément la prudence. Ils ne sont cependant pas une raison suffisante pour que l'on prive les droits de l'homme eux-mêmes de leur plus-value morale, ni pour que ce qui est de leur ressort soit a priori réduit à des questions de politique *internationale*[45]. Le minimalisme oublie que c'est parce qu'il continue d'exister un rapport *intraétatique* de tension entre les droits universels de l'homme et ceux particuliers du citoyen qu'il existe aussi une base normative qui permet une dynamique internationale[46]. Si l'on fait abstraction de ce lien, il faut alors justifier séparément l'extension des droits de l'homme au monde entier. C'est à cela que sert l'argument selon lequel les engagements moraux entre États (et citoyens) ne naissent, dans les relations internationales, que de l'imbrication systémique croissante rendant la société mondiale de plus en plus interdépendante[47]. Si l'on adopte ce point de vue, les prétentions à l'intégration ne résultent donc que de dépendances réciproques résultant elles-mêmes d'interactions *factuellement* engagées. Jusqu'à un certain point, cet argument permet de répondre à la question empirique de savoir comment, dans nos sociétés de bien-être, surgit une sensibilité à la requête légitime des groupes humains marginalisés et sous-privilégiés qui veulent être intégrés aux conditions de vie libérales. Mais pour justifier les prétentions normatives elles-mêmes, c'est bien à cette morale universaliste qu'il faut recourir, dont les contenus sur l'idée de dignité humaine sont depuis longtemps passés dans les droits de l'homme et du citoyen des constitutions démocratiques. Le rattachement explosif de la morale à ce médium du droit dans lequel doit être entreprise la construction d'ordres politiques plus justes n'a pu être réalisé qu'en vertu du lien *interne* qui existe entre la dignité humaine et les droits de l'homme.

Cette prise en charge de contenus moraux par le droit est le fruit des révolutions constitutionnelles du XVIIIe siècle. Neutraliser la tension qui en résulte, c'est renoncer à une compréhension dynamique, qui seule peut sensibiliser les citoyens de nos sociétés à demi libérales à l'érosion de plus en plus intensive dont sont l'objet les droits fondamentaux existants et au danger toujours plus pressant d'un évidement des libertés qui leur sont garanties.

APPENDICES

Sources

« Nach dem Bankrott » (« Après la banqueroute »), l'entretien de Thomas Assheuer avec Jürgen Habermas, a été publié dans le n° 46/2008 de l'hebdomadaire *Die Zeit* (p. 53), daté du 6 novembre.

L'article « Am Euro entscheidet sich das Schicksal der Europäischen Union » (« Le sort de l'Europe se joue sur l'euro ») a été publié sous le titre « Wir brauchen Europa ! Die neue Hartleibigkeit : Ist uns die gemeinsame Zukunft schon gleichgültig geworden ? » (« Nous avons besoin de l'Europe ! La nouvelle intransigeance : notre avenir commun nous est-il devenu égal ? »), dans le n° 21/2010 de *Die Zeit* (p. 11), daté du 20 mai. Une traduction française (Christian Bouchindhomme) en a été publiée dans la revue *Esprit* (juillet 2010, p. 22-28) ; elle a été ici légèrement remaniée.

« Ein Pakt für oder gegen Europa ? » (« Un pacte pour ou contre l'Europe ? ») a été publié avec le sous-titre « An Gründen für eine Gemeinschaft fehlt es nicht, wohl aber an einem politischen Willen — und an Verantwortung » (« Ce ne sont pas les raisons qui manquent pour une communauté, mais une volonté politique — et un sens de la responsabilité ») dans la *Süddeutsche Zeitung* du 7 avril 2011, p. 11.

Une première version de « Das Konzept der Menschenwürde und die realistische Utopie der Menschenrechte » (« La conception de la dignité humaine et l'utopie réaliste des droits de l'homme ») a été publiée dans la *Deutschen Zeitschrift für Philosophie*, vol. 58, n° 3, 2010, p. 343-357, et dans une version abrégée sous le titre « Das utopische Gefälle » (« Le différentiel d'utopie ») dans les *Blätter für deutsche und internationale Politik*, vol. 55, n° 8, 2010, p. 43-53. Il s'agit ici d'une version remaniée en vue de sa publication en volume.

Bibliographie

PRÉFACE À L'ÉDITION FRANÇAISE

KANT, Emmanuel, *Métaphysique des mœurs*, trad. fr. Joëlle et Olivier Masson, in *Œuvres philosophiques III*, sous la direction de Ferdinand Alquié, Paris, Gallimard, coll. Bibliothèque de la Pléiade, 1986.

SCHMIDT, Helmut, « L'intégration européenne, un devoir allemand », trad. par Nathalie Versieux de larges extraits de l'allocution « Deutschland in und mit und für Europa » prononcée lors du congrès fédéral du SPD le 4 décembre à Berlin, *Le Temps* (Genève) du 7 décembre 2011.

I

APRÈS LA BANQUEROUTE. ENTRETIEN (novembre 2008)

HABERMAS, Jürgen, *Raison et Légitimité* [1973], trad. fr. Jean Lacoste, Paris, Payot, 1978.

SCHMIDT, Helmut, « Beaufsichtigt die neuen Großspekulanten ! », *Die Zeit*, n° 6, 2007.

WILLIAMSON, John, « What Washington means by Policy Reform ? », chap. II de *Latin American Adjustment : How Much Has Happened*, sous la dir. de John WILLIAMSON, Washington, Peter G. Peterson Institute for International Economics, 1990.

II

LE SORT DE L'EUROPE SE JOUE SUR L'EURO
(mai 2010)

Décision du Tribunal constitutionnel fédéral du 12 octobre 1993 (dit « Jugement Maastricht »), *BverfG 89, 155, 2 BvR 2134, 2159/92.*

Décision du Tribunal constitutionnel fédéral du 30 juin 2009 (dit « Jugement Lisbonne »), *BVerfG, 2 BvE 2/08.*

Éditorial, « Die Währungsunion am Scheideweg », *Frankfurter Allgemeine Zeitung* du 14 mai 2010.

III

UN PACTE POUR OU CONTRE L'EUROPE ?
(avril 2011)

ALTERMAN, Eric, *When Presidents Lie,* New York, Viking, 2004.

DEAN, John W., « The Post-Truth Presidency », *Washington Post Monthly,* novembre 2004.

DI LORENZO, Giovanni et GUTTENBERG, Karl-Theodor zu, *Vorerst gescheitert : Karl-Theodor zu Guttenberg im Gespräch mit Giovanni di Lorenzo,* Freiburg, Herder Verlag, 2011.

GUTTENBERG, Karl-Theodor zu, *Verfassung und Verfassungsvertrag. Konstitutionelle Entwicklungsstufen in den USA und der EU,* Duncker & Humblot, Berlin, 2009.

GUTTENBERG, Karl-Theodor zu et DI LORENZO, Giovanni, *Vorerst gescheitert : Karl-Theodor zu Guttenberg im Gespräch mit Giovanni di Lorenzo,* Freiburg, Herder Verlag, 2011.

HABERMAS, Jürgen, « Leadership and Leitkultur », *New York Times,* 28 octobre 2010.

HABERMAS, Jürgen, « L'Europe malade de la xénophobie », trad. fr. Christian Bouchindhomme (de l'article du *NYT* ci-dessus), *Le Monde,* 2 janvier 2011.

HALBERSTAM, Daniel et MÖLLERS, Christoph, « The German constitutional court says *"Ja zu Deutschland !"* », *German Law Journal,* vol. 10, n° 8, 2009, p. 1241-1258.

HART, Gary, « "When Presidents Lie" : The Post-Truth Presidency », *New York Times* du 10 octobre 2004.

MÖLLERS, Christoph et HALBERSTAM, Daniel, « The German constitutional court says *"Ja zu Deutschland !"* », *German Law Journal*, vol. 10, n° 8, 2009, p. 1241-1258.

IV

LA CRISE DE L'UNION EUROPÉENNE À LA LUMIÈRE D'UNE CONSTITUTIONNALISATION DU DROIT INTERNATIONAL UN ESSAI SUR LA CONSTITUTION DE L'EUROPE

Pourquoi l'Europe aujourd'hui n'est toujours qu'un projet constitutionnel

BAST, Jürgen et BOGDANDY, Armin von, *Europäisches Verfassungsrecht. Theoretische und dogmatische Grundzüge*, Dordrecht/Heidelberg/Londres/New York, Springer, 2003 ; 2e éd. revue et augmentée, 2009.

BOGDANDY, Armin von et BAST, Jürgen (dir.), *Europäisches Verfassungsrecht. Theoretische und dogmatische Grundzüge*, Dordrecht/Heidelberg/Londres/New York, Springer, 2e éd. revue et augmentée, 2009.

Décision du Tribunal constitutionnel fédéral du 12 octobre 1993, *BverfGE 89, 155*.

DICKE, Jürgen *et alii* (dir.), *Völkerrecht und Internationales Privatrecht in einem sich globalisierenden internationalen System*, Berichte der Deutschen Gesellschaft für Völkerrecht, t. 39, Heidelberg, C. F. Müller, 2000.

EBERL, Oliver (dir.), *Transnationalisierung der Volkssouveränität. Radikale Demokratie diesseits und jenseits des Staates*, Stuttgart, Franz Steiner, 2011.

ELIAS, Norbert, *La Civilisation des mœurs*, trad. fr. Pierre Kamnitzer, Paris, Calmann-Lévy, 1975 ; Paris, Presses Pocket, 1989.

ELIAS, Norbert, *La Dynamique de l'Occident*, trad. fr. Pierre Kamnitzer, Paris, Calmann-Lévy, 1976 ; Paris, Presses Pocket, 1990.

FRANZIUS, Claudio, MAYER, Franz C. et NEYER, Jürgen (dir.), *Strukturfragen der Europäischen Union*, Baden-Baden, Nomos, 2010.

FROWEIN, Jochen Abraham, « Konstitutionalisierung des Völkerrechts », in *Völkerrecht und Internationales Privatrecht in einem sich globalisierenden internationalen System*, sous la dir. de Jürgen DICKE *et alii*, Berichte der Deutschen Gesellschaft für Völkerrecht, t. 39, Heidelberg, C. F. Müller, 2000, p. 427-447.

GRIMM, Dieter, *Braucht Europa eine Verfassung*, Munich, Carl Friedrich von Siemens Stiftung, 1995.

HABERMAS, Jürgen, *Philosophische Texte*, 5 vol., Francfort-sur-le-Main, Suhrkamp, 2009.

HABERMAS, Jürgen, *Entre naturalisme et religion. Les défis de la démocratie*, trad. fr. Christian Bouchindhomme et Alexandre Dupeyrix, Paris, Gallimard, coll. NRF Essais, 2008.

HABERMAS, Jürgen, *La Paix perpétuelle*, trad. fr. Rainer Rochlitz, Paris, Éditions du Cerf, 1996.

HABERMAS, Jürgen, « Konstitutionalisierung des Völkerrechts und die Legitimationsprobleme einer verfaßten Weltgesellschaft » [2008], in *Philosophische Texte*, Francfort-sur-le-Main, Suhrkamp, 2009, t. IV, *Politische Theorie*, p. 402-424.

HABERMAS, Jürgen, « La paix perpétuelle. Le bicentenaire d'une idée kantienne », in *L'Intégration républicaine*, trad. fr. Rainer Rochlitz, Paris, Fayard, 1998, p. 161-204.

HABERMAS, Jürgen, « Une constitution politique pour une société mondiale pluraliste ? », trad. fr. Alexandre Dupeyrix, in *Entre naturalisme et religion. Les défis de la démocratie*, Paris, Gallimard, coll. NRF Essais, 2008, p. 270-321.

HELD, David et MCGREW, Anthony, *Governing Globalization. Power Authority, and Global Governance*, Cambridge, Polity Press, 2002.

ISENSEE, Josef (dir.), *Europa als politische Idee und als rechtliche Form*, Berlin, Duncker & Humblot, 1993.

KANT, Emmanuel, *Le Conflit des facultés*, trad. fr. Alain Renaut, in *Œuvres philosophiques III*, sous la direction de Ferdinand Alquié, Paris, Gallimard, coll. Bibliothèque de la Pléiade, 1986.

KIRCHHOF, Paul, « Europäische Einigung und der Verfassungsstaat der Bundesrepublik Deutschland », in *Europa als politische Idee und als rechtliche Form*, sous la dir. de Josef ISENSEE, Berlin, Duncker & Humblot, 1993.

KOSKENNIEMI, Martti, *La Politique du droit international*, trad. de l'anglais par Hélène Cadet, Sarah Cassella, Gaëlle Hourriez *et al.*, Paris, A. Pedone, 2007.

Koskenniemi, Martti, *The Gentle Civilizer of Nations. The Rise and Fall of International Law 1870-1960*, Cambridge, Cambridge University Press, 2001.

Koskenniemi, Martti, « Between Coordination and Constitution : International Law as German Discipline », *Redescriptions. Yearbook of Political Thought, Conceptual History and Feminist Theory*, vol. 15, 2011, p. 45-70.

Lacroix, Justine, *L'Europe en procès : quel patriotisme au-delà des nationalismes*, Paris, Éditions du Cerf, 2004.

Lacroix, Justine, *La Pensée française à l'épreuve de l'Europe*, Paris, Grasset, 2008.

Lübbe, Hermann, *Abschied vom Superstaat. Vereinigte Staaten von Europa wird es nicht geben*, Berlin, Siedler, 1994.

Luhmann, Niklas, *Das Recht der Gesellschaft*, Francfort-sur-le-Main, Suhrkamp, 1994.

Mayer, Franz C., Franzius, Claudio et Neyer, Jürgen (dir.), *Strukturfragen der Europäischen Union*, Baden-Baden, Nomos, 2010.

McGrew, Anthony et Held, David, *Governing Globalization. Power Authority, and Global Governance*, Cambridge, Polity Press, 2002.

Meier, Heinrich, *Die Lehre Carl Schmitts*, Stuttgart, J. B. Metzler, 2004.

Neyer, Jürgen, Franzius, Claudio et Mayer, Franz C. (dir.), *Strukturfragen der Europäischen Union*, Baden-Baden, Nomos, 2010.

Oeter, Stefan, « Föderalismus und Demokratie », in *Europäisches Verfassungsrecht. Theoretische und dogmatische Grundzüge*, sous la dir. d'Armin von Bogdandy et Jürgen Bast, Dordrecht/Heidelberg/Londres/New York, Springer, 2e éd., 2009, p. 73-120.

Schmitt, Carl, *La Notion de politique : Théorie du partisan*, trad. fr. Marie-Louise Steinhauser, préf. Julien Freund, Paris, Calmann-Lévy, 1972 ; Paris, Flammarion, 1992.

Schmitt, Carl, « Le passage au concept de guerre discriminatoire » [1938], in *Deux textes de Carl Schmitt*, trad. fr. Robert Kolb, Paris, Éditions A. Pedone, 2009.

Schmitt, Carl, *Guerre discriminatoire et logique des grands espaces*, trad. fr. François Poncet, notes et commentaires de Günter Maschke, Paris, Krisis, 2011.

Thiele, Ulrich, « Von der Volkssouveränität zum Völker(staats)recht. Kant — Hegel — Kelsen : Stationen einer Debatte », in *Transnationalisierung der Volkssouveränität. Radikale Demokratie diesseits und jenseits des Staates,* sous la dir. d'Oliver EBERL, Stuttgart, Franz Steiner, 2011, p. 175-196.

L'Union européenne à l'épreuve du choix entre une démocratie transnationale et un fédéralisme postdémocratique de l'exécutif

APPEL, Ivo, HERMES, Georg et SCHÖNBERGER, Christoph (dir.), *Öffentliches Recht im offenen Staat. Festschrift für Rainer Wahl,* Berlin, Duncker & Humblot, 2011.

BAST, Jürgen et BOGDANDY, Armin von, *Europäisches Verfassungsrecht. Theoretische und dogmatische Grundzüge,* Dordrecht/Heidelberg/Londres/New York, Springer, 2003 ; 2e éd. revue et augmentée, 2009.

BAST, Jürgen, « Europäische Gesetzgebung : Fünf Stationen in der Verfassungsentwicklung der EU », in *Strukturfragen der Europäischen Union,* sous la dir. de Claudio FRANZIUS, Franz C. MAYER et Jürgen NEYER, Baden-Baden, Nomos, 2010, p. 173-180.

BAYLIN, Bernard, *The Debate on the Constitution : Federalist and Antifederalist Speeches, Articles, and Letters During the Struggle over Ratification, September 1787-August 1788,* 2 vol., New York, Library of America, 1993.

BOGDANDY, Armin von et BAST, Jürgen (dir.), *Europäisches Verfassungsrecht. Theoretische und dogmatische Grundzüge,* Dordrecht/Heidelberg/Londres/New York, Springer, 2003 ; 2e éd. revue et augmentée, 2009.

BOGDANDY, Armin von, « Democratic legitimacy of public authority beyond the state — Lessons from the EU for international organizations », « papier de travail » (avril 2011), version en ligne disponible à l'adresse : http://papers.ssrn.com/sol3/papers.cfm?abstract_id=1826326 (début janvier 2012).

BOGDANDY, Armin von, « Grundprinzipien », in *Europäisches Verfassungsrecht. Theoretische und dogmatische Grundzüge,* sous la dir. d'Armin von BOGDANDY et Jürgen BAST, Dordrecht/Heidelberg/Londres/New York, Springer, 2e éd., 2009, p. 13-71.

BRUNKHORST, Hauke, KÖHLER, Wolfgang R. et LUTZ-BACHMANN, Matthias (dir.), *Recht auf Menschenrechte,* Francfort-sur-le-Main, Suhrkamp, 1999.

BRUNKHORST, Hauke, « A Polity without a State ? European Constitutionalism between Evolution and Revolution », in *Developing a Constitution for Europe*, sous la dir. d'Erik Oddvar ERIKSEN, John Erik FOSSUM et Augustin Jose MENENDEZ, London, Routledge, 2004.

BRUNKHORST, Hauke, « State and Constitution : A Reply to Scheuerman », *Constellations*, vol. 15, n° 4, 2008, p. 493-501.

CALLIESS, Christian, *Die neue Europäische Union nach dem Vertrag von Lissabon. Ein Überblick über die Reformen unter Berücksichtigung ihrer Implikationen für das deutsche Recht*, Tübingen, Mohr Siebeck, 2010.

CHAPMAN, John W. et PENNOCK, J. Roland (dir.), *Nomos XXV : Liberal Democracy*, New York, New York University Press, 1983.

Constitution des États-Unis d'Amérique (17 septembre 1787).

Constitution fédérale de la Confédération suisse du 18 avril 1999 (entrée en vigueur le 1er janvier 2000).

DAHL, Robert A., « Federalism and the democratic process », in *Nomos XXV : Liberal Democracy*, sous la dir. de J. Roland PENNOCK et John W. CHAPMAN, New York, New York University Press, 1983, p. 95-108.

DE WILDE, Pieter et ZÜRN, Michael, « Somewhere along the line : Can the politicization of European integration be reversed ? », à paraître dans le *Journal of Common Market Studies*.

Décision de la Cour de justice des Communautés européennes du 5 février 1963, affaire 26-62 (dit « Arrêt van Gend & Loos »).

Décision du Tribunal constitutionnel fédéral du 12 octobre 1993 (dit « Jugement Maastricht »), *BVerfGE 89, 155, 2 BvR 2134, 2159/92.*

Décision du Tribunal constitutionnel fédéral du 30 juin 2009 (dit « Jugement Lisbonne »), *BVerfG, 2 BvE 2/08.*

EBERL, Oliver et NIESEN, Peter, « Kommentar » zu Kants *Zum ewigen Frieden und Auszüge der Rechtslehre*, Berlin, Suhrkamp, 2011.

ECKER-EHRHARDT, Matthias et ZÜRN, Michael (dir.), *Die Politisierung der Weltpolitik*, Berlin, Suhrkamp, 2012.

EDER, Klaus, « Europäische Öffentlichkeit und multiple Identitäten — das Ende des Volksbegriffs ? », *in* Claudio FRANZIUS et Ulrich K. PREUSS, *Europäische Öffentlichkeit*, Baden-Baden, Nomos, 2004, p. 61-80.

Éditorial, « Sarkozy-Merkel, ou le directoire autoproclamé », *Le Monde*, 13 août 2011.

ENZENSBERGER, Hans Magnus, *Le doux Monstre de Bruxelles ou L'Europe sous tutelle*, trad. fr. Bernard Lortholary, Paris, Gallimard, 2011.

ERIKSEN Erik Oddvar, FOSSUM, John Erik et MENENDEZ, Augustin Jose (dir.), *Developing a Constitution for Europe*, London, Routledge, 2004.

ERIKSEN, Erik Oddvar, « Democratic Legitimacy Beyond Borders. Government Without a State », in *Political Legitimacy and Democracy in Transnational Perspective*, sous la dir. de Rainer FORST et Rainer SCHMALZ-BRUNS, Arena Report, n° 2/11, Oslo, 2011.

FORST, Rainer et SCHMALZ-BRUNS, Rainer (dir.), *Political Legitimacy and Democracy in Transnational Perspective*, Arena Report, n° 2/11, Oslo, 2011.

FOSSUM, John Erik, ERIKSEN, Erik Oddvar et MENENDEZ, Augustin Jose (dir.), *Developing a Constitution for Europe*, London, Routledge, 2004.

FRANZIUS, Claudio et PREUSS, Ulrich K., « Für ein demokratisches Europa. Zur Zukunft der europäischen Demokratie », in *Solidarität und Stärke. Zur Zukunft der Europäischen Union*, sous la dir. de Ralf FÜCKS et Christine PÜTZ, Berlin, Fondation Heinrich-Böll, 2011, p. 167-197. Disponible en ligne à l'adresse suivante (janvier 2012) : http://www.boell.de/downloads/Solidaritaet-und-Staerke-Zur-Zukunft-der-Europaeischen-Union.pdf

FRANZIUS, Claudio et PREUSS, Ulrich K., « Solidarität und Selbstbehauptung : Die Zukunft der EU im 21. Jahrhundert » (2011), Berlin, Fondation Heinrich-Böll, non encore publié.

FRANZIUS, Claudio et PREUSS, Ulrich K., *Europäische Öffentlichkeit*, Baden-Baden, Nomos, 2004, p. 61-80.

FRANZIUS, Claudio, *Europäisches Verfassungsrechtsdenken*, Tübingen, Mohr Siebeck, 2010.

FÜCKS, Ralf et PÜTZ, Christine (dir.), *Solidarität und Stärke. Zur Zukunft der Europäischen Union*, Berlin, Fondation Heinrich-Böll, 2011.

GROSS, Thomas, « Postnationale Demokratie — gibt es ein Menschenrecht auf transnationale Selbstbestimmung ? », *Rechtswissenschaft*, n° 2, 2011, p. 125-153.

HABERMAS, Jürgen, *Philosophische Texte*, 5 vol., Francfort-sur-le-Main, Suhrkamp, 2009.

HABERMAS, Jürgen, *L'Intégration républicaine*, trad. fr. Rainer Rochlitz, Paris, Fayard, 1998.

HABERMAS, Jürgen, *Sur l'Europe*, trad. fr. Christian Bouchindhomme et Alexandre Dupeyrix, Paris, Bayard, 2006.

HABERMAS, Jürgen, « Der Republikanismus der Aufklärung im Zeitalter der Globalisierung », in *Transnationalisierung der Volkssouveränität*, sous la dir. d'Oliver EBERL, Stuttgart, Franz Steiner, 2011, p. 251-270.

HABERMAS, Jürgen, « Européens, encore un effort... », trad. fr. Christian Bouchindhomme et Alexandre Dupeyrix, in *Sur l'Europe*, Paris, Bayard, 2006, p. 15-46.

HABERMAS, Jürgen, « Hat die Demokratie noch eine epistemische Dimension ? Empirische Forschung und normative Theorie » [2008], in *Philosophische Texte*, Francfort-sur-le-Main, Suhrkamp, 2009, t. IV, *Politische Theorie*, p. 87-139.

HABERMAS, Jürgen, « Trois modèles normatifs de la démocratie », trad. fr. Rainer Rochlitz, in *L'Intégration républicaine*, Paris, Fayard, 1998, p. 259-274.

HALBERSTAM, Daniel et MÖLLERS, Christoph, « The German constitutional court says *"Ja zu Deutschland !"* », *German Law Journal*, vol. 10, n° 8, 2009, p. 1241-1258.

HEGEL, Georg Wilhelm Friedrich, *Encyclopédie des sciences philosophiques*, 3 vol., trad. fr. Bernard Bourgeois, Paris, Vrin, (t. I) 1970, (t. II) 2004, (t. III) 1988.

HELD, David et MCGREW, Anthony (dir.), *The Global Transformations Reader. An Introduction to the Globalization Debate*, Cambridge, Polity Press, 2000.

HERBORTH, Benjamin et NIESEN, Peter (dir.), *Anarchie der kommunikativen Freiheit. Jürgen Habermas und die Theorie der internationalen Politik*, Francfort-sur-le-Main, Suhrkamp, 2007.

HERMES, Georg, APPEL, Ivo et SCHÖNBERGER, Christoph (dir.), *Öffentliches Recht im offenen Staat. Festschrift für Rainer Wahl*, Berlin, Duncker & Humblot, 2011.

HOFFMANN, Catherine, « Klub der Illusionisten. Ohne gemeinsame Finanzpolitik ist die Krise in Europa nicht zu lösen », *Süddeutsche Zeitung* (3-4 septembre 2011), p. 23.

KADELBACH, Stefan (dir.), *60 Jahre Integration in Europa. Variable Geometrien und politische Verflechtung jenseits der EU*, Baden-Baden, Nomos, 2011.

KANT, Emmanuel, *Traité de paix perpétuelle*, trad. anonyme [1796] revue par Heinz Wismann, in *Œuvres philosophiques III*, sous la direction de Ferdinand Alquié, Paris, Gallimard, coll. Bibliothèque de la Pléiade, 1986.

KÖHLER, Wolfgang R., BRUNKHORST, Hauke et LUTZ-BACHMANN, Matthias (dir.), *Recht auf Menschenrechte*, Francfort-sur-le-Main, Suhrkamp, 1999.

LACROIX, Justine et NICOLAIDIS, Kalypso (dir.), *European Stories. Intellectual Debates on Europe in National Contexts*, Oxford, Oxford University Press, 2010.

LENAERTS, Koen, « The merits and shortcomings of the Draft Constitution for Europe : a first appraisal », en ligne en janvier 2012 sur le site du CCLE : http://www.law.kuleuven.be/ccle/pub_EU_draft_constitution_(K._Lenaerts).php

Loi fondamentale de la République fédérale d'Allemagne (*Grundgesetz für die Bundesrepublik Deutschland*, GG ; 23 mai 1949).

LUTZ-BACHMANN, Matthias, BRUNKHORST, Hauke et KÖHLER, Wolfgang R. (dir.), *Recht auf Menschenrechte*, Francfort-sur-le-Main, Suhrkamp, 1999.

MAUS, Ingeborg, « Menschenrechte als Ermächtigungsnormen internationaler Politik oder : der zerstörte Zusammenhang von Menschenrechten und Demokratie », in *Recht auf Menschenrechte. Menschenrechte, Demokratie und internationale Politik*, sous la dir. de Hauke BRUNKHORST, Wolfgang R. KÖHLER et Matthias LUTZ-BACHMANN, Francfort-sur-le-Main, Suhrkamp, 1999, p. 276-292.

MAUS, Ingeborg, « Verfassung oder Vertrag. Zur Verrechtlichung globaler Politik », in *Anarchie der kommunikativen Freiheit. Jürgen Habermas und die Theorie der internationalen Politik*, sous la dir. de Peter NIESEN et Benjamin HERBORTH, Francfort-sur-le-Main, Suhrkamp, 2007, p. 350-382.

MAYER, Franz et PERNICE, Ingolf, « De la constitution composée de l'Europe », in *Revue trimestrielle de droit européen*, vol. 36, n°4, oct.-déc., 2000, p. 623-647.

MCGREW, Anthony et HELD, David (dir.), *The Global Transformations Reader. An Introduction to the Globalization Debate*, Cambridge, Polity Press, 2000.

MENENDEZ, Augustin Jose, ERIKSEN, Erik Oddvar et FOSSUM, John Erik (dir.), *Developing a Constitution for Europe*, London, Routledge, 2004.

MÖLLERS, Christoph, *Die drei Gewalten. Legitimation der Gewaltengliederung in Verfassungsstaat, Europäischer Integration und Internationalisierung*, Weilerswist, Velbrück Wissenschaft, 2008.

MÖLLERS, Christoph et HALBERSTAM, Daniel, « The German constitutional court says *"Ja zu Deutschland !"* », *German Law Journal*, vol. 10, n° 8, 2009, p. 1241-1258.

MÖLLERS, Christoph, « Demokratische Ebenengliederung », in *Öffentliches Recht im offenen Staat. Festschrift für Rainer Wahl*, sous la dir. d'Ivo APPEL, Georg HERMES et Christoph SCHÖNBERGER, Berlin, Duncker & Humblot, 2011, p. 759-778.

MÜNCH, Richard, *Die Konstruktion der Europäischen Gesellschaft. Zur Dialektik von transnationaler Integration und nationaler Desintegration*, Francfort-sur-le-Main, Campus, 2008.

NEYER, Jürgen, « Justice, Not Democracy. Legitimacy in the European Union », in *Political Legitimacy and Democracy in Transnational Perspective*, sous la dir. de Rainer FORST et Rainer SCHMALZ-BRUNS, Arena Report, n° 2/11, Oslo, 2011.

NICOLAIDIS, Kalypso et LACROIX, Justine (dir.), *European Stories. Intellectual Debates on Europe in National Contexts*, Oxford, Oxford University Press, 2010.

NIESEN, Peter et HERBORTH, Benjamin (dir.), *Anarchie der kommunikativen Freiheit. Jürgen Habermas und die Theorie der internationalen Politik*, Francfort-sur-le-Main, Suhrkamp, 2007.

NIESEN, Peter et EBERL, Oliver, « Kommentar » zu Kants *Zum ewigen Frieden und Auszüge der Rechtslehre*, Berlin, Suhrkamp, 2011.

NULLMEIER, Frank et PRITZLAFF, Tanja, « The Great Chain of Legitimacy. Justifying Transnational Democracy », in *Political Legitimacy and Democracy in Transnational Perspective*, sous la dir. de Rainer FORST et Rainer SCHMALZ-BRUNS, Arena Report, n° 2/11, Oslo, 2011.

PENNOCK, J. Roland et CHAPMAN, John W. (dir.), *Nomos XXV : Liberal Democracy*, New York, New York University Press, 1983.

PERNICE, Ingolf, « Europäisches und nationales Verfassungsrecht », *Veröffentlichungen der Vereinigung der Deutschen Staatsrechtslehrer*, n° 60, 2001, p. 149-193.

PERNICE, Ingolf, « Verfassungsverbund », in *Strukturfragen der Europäischen Union*, sous la dir. de Claudio FRANZIUS, Franz C. MAYER et Jürgen NEYER, Baden-Baden, Nomos, 2010, p. 102-109.

PERNICE, Ingolf et MAYER, Franz, « De la constitution composée de l'Europe », in *Revue trimestrielle de droit européen*, vol. 36, n° 4, oct.-déc., 2000, p. 623-647.

PETERS, Anne, *Elemente einer Theorie der Verfassung Europas*, Berlin, Duncker & Humblot, 2001.

PREUSS, Ulrich K. et FRANZIUS, Claudio, *Europäische Öffentlichkeit*, Baden-Baden, Nomos, 2004, p. 61-80.

PREUSS, Ulrich K. et FRANZIUS, Claudio, « Für ein demokratisches Europa. Zur Zukunft der europäischen Demokratie », in *Solidarität und Stärke. Zur Zukunft der Europäischen Union*, sous la dir. de Ralf FÜCKS et Christine PÜTZ, Berlin, Fondation Heinrich-Böll, 2011, p. 167-197. Disponible en ligne à l'adresse suivante (janvier 2012) : http://www.boell.de/downloads/Solidaritaet-und-Staerke-Zur-Zukunft-der-Europaeischen-Union.pdf

PREUSS, Ulrich K. et FRANZIUS, Claudio, « Solidarität und Selbstbehauptung : Die Zukunft der EU im 21. Jahrhundert » [2011], Berlin, Fondation Heinrich-Böll, non encore publié.

PRITZLAFF, Tanja et NULLMEIER, Frank, « The Great Chain of Legitimacy. Justifying Transnational Democracy », in *Political Legitimacy and Democracy in Transnational Perspective*, sous la dir. de Rainer FORST et Rainer SCHMALZ-BRUNS, Arena Report, n° 2/11, Oslo, 2011.

PÜTZ, Christine et FÜCKS, Ralf (dir.), *Solidarität und Stärke. Zur Zukunft der Europäischen Union*, Berlin, Fondation Heinrich-Böll, 2011.

SCHARPF, Fritz W., *Regieren in Europa : Effektiv und demokratisch ?*, Francfort-sur-le-Main, Campus, 1999.

SCHMALZ-BRUNS, Rainer et FORST, Rainer (dir.), *Political Legitimacy and Democracy in Transnational Perspective*, Arena Report, n° 2/11, Oslo, 2011.

SCHMITT, Carl, *Théorie de la Constitution* [1928], trad. fr. Liliane Deroche, Paris, PUF, 1993, 2008.

SCHÖNBERGER, Christoph, APPEL, Ivo et HERMES, Georg (dir.), *Öffentliches Recht im offenen Staat. Festschrift für Rainer Wahl*, Berlin, Duncker & Humblot, 2011.

SCHÖNBERGER, Christoph, « Die Europäische Union als Bund », *Archiv des öffentlichen Rechts*, vol. 129, n° 1, 2004, p. 81-120.

SCHÖNBERGER, Christoph, « Lisbon in Karlsruhe : Maastricht's epigones at sea », *German Law Journal*, vol. 10, n° 8, 2009, p. 1201-1218.

SCHULZE, Hagen, *État et nation dans l'histoire de l'Europe* [1994], Paris, trad. fr. Denis-Armand Canal, Paris, Éditions du Seuil, 1996.

SCHÜTZE, Robert, « On "federal" ground : The European Union as an (inter)national phenomenon », *Common Market Law Review*, vol. 46, n° 4, 2009, p. 1069-1105.

THYM, Daniel, « Variable Geometrie in der Europäischen Union : Kontrollierte Binnendifferenzierung und Schutz vor unionsexterner Gefährdung », in *60 Jahre Integration in Europa. Variable Geometrien und politische Verflechtung jenseits der EU*, sous la dir. de Stefan KADELBACH, Baden-Baden, Nomos, 2011, p. 117-135.

Traité établissant une Constitution pour l'Europe (signé à Rome le 25 octobre 2004 ; abandonné après les référendums français et néerlandais des 29 mai et 1er juin 2005).

Traité sur l'Union européenne, aussi appelé traité de Maastricht (signé le 7 février 1992, entré en vigueur le 1er novembre 1993).

Traité sur l'Union européenne et traité sur le fonctionnement de l'Union européenne (TUE), aussi appelé traité de Lisbonne, du 13 décembre 2007 (entrés en vigueur le 1er décembre 2009).

VOLMERANGE, Xavier, *Le Fédéralisme allemand face au droit communautaire*, Paris, Éditions de l'Harmattan, 2000.

WALKER, Neil (dir.), *Sovereignty in Transition*, Oxford, Hart Publishing, 2003.

WEBER, Max, *Économie et Société* [1921-1922], trad. fr. sous la dir. de Jacques Chavy et Éric de Dampierre, Paris, Plon, 1971 ; Pocket, coll. Agora, 1995.

WINTER, Martin, « Reform der Reform », *Süddeutsche Zeitung*, 18 août 2011, p. 4.

ZANGL, Bernhard et ZÜRN, Michael, *Frieden und Krieg. Sicherheit in der nationalen und postnationalen Konstellation*, Francfort-sur-le-Main, Suhrkamp, 2003, p. 118-148.

ZÜRN, Michael et ECKER-EHRHARDT, Matthias (dir.), *Die Politisierung der Weltpolitik*, Berlin, Suhrkamp, 2012.

ZÜRN, Michael et DE WILDE, Pieter, « Somewhere along the line : Can the politicization of European integration be reversed ? », à paraître dans le *Journal of Common Market Studies*.

ZÜRN, Michael, « Die Rückkehr der Demokratiefrage. Perspektiven demokratischen Regierens und die Rolle der Politikwissenschaft », *Blätter für deutsche und internationale Politik*, n° 6, 2011, p. 63-74.

De la communauté internationale
à la communauté cosmopolitique

ARCHIBUGI, Daniele et HELD, David (dir.), *Cosmopolitan Democracy. An Agenda for a New World Order*, Cambridge, Polity Press, 1995.

ARCHIBUGI, Daniele, *La Démocratie cosmopolitique. Sur la voie d'une démocratie mondiale*, trad. fr. Louis Lourme, Paris, Éditions du Cerf, 2009.

ARCHIBUGI, Daniele, *The Global Commonwealth of Citizens. Toward Cosmopolitan Democracy*, Princeton et Oxford, Princeton University Press, 2008.

BECKERT, Jens et STREECK, Wolfgang, « Die nächste Stufe der Krise », *Frankfurter Allgemeine Zeitung*, 20 août 2011, p. 29.

BOGDANDY, Armin von et VENZKE, Ingo, « In whose name ? An investigation of international courts' public authority and its democratic justification », à paraître dans *European Journal of International Law*, vol. 23, n° 1, 2012 ; disponible en ligne sur le site du *Social Science Research Network* (janvier 2012) : http://papers.ssrn.com/sol3/papers.cfm?abstrac_id=1593543

BROWN, Garrett Wallace et HELD, David (dir.), *The Cosmopolitan Reader*, Cambridge, Polity, 2010.

Charte des Nations unies du 26 juin 1945.

EISENSTADT, Shmuel N., « La modernité multiple comme défi à la sociologie », *Revue du MAUSS*, vol. 2, n° 24, 2004, p. 189-204.

ENDERLEIN, Henrik, WÄLTI, Sonja et ZÜRN, Michael (dir.), *Handbook on Multi-Level Governance*, Cheltenham, Edward Elgar, 2010.

HABERMAS, Jürgen, *Droit et démocratie. Entre faits et normes* [1992], trad. fr. Rainer Rochlitz et Christian Bouchindhomme, Paris, Gallimard, coll. NRF Essais, 1997.

HABERMAS, Jürgen, *Philosophische Texte*, 5 vol., Francfort-sur-le-Main, Suhrkamp, 2009.

HABERMAS, Jürgen, « Konstitutionalisierung des Völkerrechts und die Legitimationsprobleme einer verfaßten Weltgesellschaft » [2008], in *Philosophische Texte*, Francfort-sur-le-Main, Suhrkamp, 2009, t. IV, *Politische Theorie*, p. 402-424.

HELD, David et KAYA, Ayse (dir.), *Global Inequality. Patterns and Explanations*, Cambridge, Polity Press, 2007.

HELD, David et ARCHIBUGI, Daniele (dir.), *Cosmopolitan Democracy. An Agenda for a New World Order*, Cambridge, Polity Press, 1995.

HELD, David et BROWN, Garrett Wallace (dir.), *The Cosmopolitan Reader*, Cambridge, Polity, 2010.

HELD, David, *Un nouveau contrat mondial. Pour une gouvernance social-démocrate*, trad. fr. Rachel Bouyssou, Paris, Presses de la Fondation des Sciences politiques, 2005.

HERBORTH, Benjamin et NIESEN, Peter, *Anarchie der kommunikativen Freiheit*, Francfort-sur-le-Main, Suhrkamp, 2007.

KAYA, Ayse et HELD, David (dir.), *Global Inequality. Patterns and Explanations*, Cambridge, Polity Press, 2007.

NANZ, Patrizia et STEFFEK, Jens, « Zivilgesellschaftliche Partizipation und die Demokratisierung internationalen Regierens », in Peter NIESEN et Benjamin HERBORTH, *Anarchie der kommunikativen Freiheit*, Francfort-sur-le-Main, Suhrkamp, 2007, p. 87-110.

NIESEN, Peter et HERBORTH, Benjamin, *Anarchie der kommunikativen Freiheit*, Francfort-sur-le-Main, Suhrkamp, 2007.

POGGE, Thomas (dir.), *Global Justice*, Oxford, Blackwell, 2001.

SEN, Amartya, *L'Idée de justice*, trad. fr. Paul Chemla, Paris, Flammarion, 2009.

STEFFEK, Jens et NANZ, Patrizia, « Zivilgesellschaftliche Partizipation und die Demokratisierung internationalen Regierens », *in* Peter NIESEN et Benjamin HERBORTH, *Anarchie der kommunikativen Freiheit*, Francfort-sur-le-Main, Suhrkamp, 2007.

STREECK, Wolfgang et BECKERT, Jens, « Die nächste Stufe der Krise », *Frankfurter Allgemeine Zeitung*, 20 août 2011, p. 29.

VENZKE, Ingo et BOGDANDY, Armin von, « In whose name ? An investigation of international courts' public authority and its democratic justification », à paraître dans *European Journal of International Law*, vol. 23, n° 1, 2012 ; disponible en ligne sur le site du *Social Science Research Network* (janvier 2012) : http://papers.ssrn.com/sol3/papers.cfm?abstrac_id=1593543

Wälti, Sonja, Enderlein, Henrik et Zürn, Michael (dir.), *Handbook on Multi-Level Governance*, Cheltenham, Edward Elgar, 2010.

Zürn, Michael, Enderlein, Henrik et Wälti, Sonja (dir.), *Handbook on Multi-Level Governance*, Cheltenham, Edward Elgar, 2010.

Zürn, Michael, « Global governance as multi-level governance », in *Handbook on Multi-Level Governance*, sous la dir. de Henrik Enderlein, Sonja Wälti et Michael Zürn, Cheltenham, Edward Elgar, 2010, p. 80-99.

Zürn, Michael, « Vier Modelle einer globalen Ordnung in kosmopolitischer Absicht », *Politische Vierteljahresschrift*, n° 1, 2011, p. 78-118.

IV

LA CONCEPTION DE LA DIGNITÉ HUMAINE ET L'UTOPIE RÉALISTE DES DROITS DE L'HOMME

Baynes, Kenneth, « Discourse ethics and the political conception of human rights », *Ethics & Global Politics*, vol. 2, n° 1, 2009, p. 1-21.

Baynes, Kenneth, « Toward a political conception of Human Rights », *Philosophy and Social Criticism*, vol. 35, n° 4, 2009, p. 371-390.

Bernstorff, Jochen von, « Pflichtenkollision und Menschenwürdegarantie. Zum Vorrang staatlicher Achtungspflichten im Normbereich von Art. 1 GG », *Der Staat*, n° 1, 47e année, 2008, p. 21-40.

Bloch, Ernst, *Droit naturel et dignité humaine* [1961], trad. fr. Denis Authier et Jean Lacoste, Paris, Payot, 1976.

Böckenförde, Ernst-Wolfgang, *Geschichte der Rechts- und Staatsphilosophie*, Tübingen, Mohr Siebeck, 2002, p. 312-370.

Brunkhorst, Hauke, Köhler, Wolfgang R. et Lutz-Bachmann, Matthias (dir.), *Recht auf Menschenrechte*, Francfort-sur-le-Main, Suhrkamp, 1999.

Charte des Nations unies du 26 juin 1945.

Code allemand du droit social (*Sozialgesetzbuch*, SGB) (1976-2005), 12 vol.

Cohen, Joshua, « Minimalism about human rights : The most we can hope for ? », *The Journal of Political Philosophy*, vol. 12, n° 2, 2004, p. 190-213.

Constitution de l'État libre de Saxe (*Verfassung des Freistaates Sachsen* ; 6 juin 1992).

Constitution de l'Organisation internationale du travail (28 juin 1919).

Constitution impériale de Francfort (*Frankfurter Reichsverfassung*), aussi appelée Constitution de l'église Saint-Paul (*Paulskirchenverfassung* ; 28 mars 1849).

Constitution du Reich allemand du 11 août 1919 (*Verfassung des Deutschen Reiches*), aussi appelée Constitution de Weimar (*Weimarer Verfassung*).

Décision du Tribunal fédéral constitutionnel allemand du 15 février 2006, *BVerfG, 1 BvR 357/05.*

Décision du Tribunal fédéral constitutionnel allemand du 9 février 2010, *BVerfG, 1 BvL 1/09.*

Déclaration d'indépendance des États-Unis (*United States Declaration of Independence*), aussi appelée Déclaration de Philadelphie (4 juillet 1776).

Déclaration des droits de l'homme et du citoyen (26 août 1789).

Déclaration des droits de Virginie (12 juin 1776).

Déclaration universelle des droits de l'homme (10 décembre 1948).

DEITELHOFF, Nicole et STEFFEK, Jens (dir.), *Was bleibt vom Staat ? Demokratie, Recht und Verfassung im globalen Zeitalter*, Francfort-sur-le-Main, Campus, 2009.

DENNINGER, Erhard, « "Die Rechte der Anderen". Menschenrechte und Bürgerrechte im Widerstreit », *Kritische Justiz*, n° 3, 2009, p. 226-238.

DENNINGER, Erhard, « Der Menschenwürdesatz im Grundgesetz und seine Entwicklung in der Verfassungsrechtsprechung », in *Nachdenken über Eigentum, Festschrift für Alexander von Brünneck*, sous la dir. de Franz-Joseph PEINE et Heinrich A. WOLFF, Baden-Baden, Nomos, 2011, p. 397-411.

FLYNN, Jeffrey, « Habermas on Human Rights : Law, Morality, and Intercultural Dialogue », *Social Theory and Praxis*, vol. 29, n° 3, 2003, p. 431-457.

FORST, Rainer, « The justification of human rights and the basic right to justification. A reflexive approach », *Ethics*, n° 120, juillet 2010, p. 711-740.

GARDBAUM, Stephen, « The "horizontal effect" of constitutional rights », *Michigan Law Review*, vol. 102, 2003, p. 388-459.

Gosepath, Stefan et Lohmann, Georg (dir.), *Philosophie der Menschenrechte*, Francfort-sur-le-Main, Suhrkamp, 1998.

Günther, Klaus, Haller, Gret et Neumann, Ulfrid (dir.), *Menschenrechte und Volkssouveränität in Europa : Gerichte als Vormund der Demokratie ?*, Francfort-sur-le-Main, Campus, 2011.

Günther, Klaus, « Menschenrechte zwischen Staaten und Dritten. Vom vertikalen zum horizontalen Verständnis der Menschenrechte », in *Was bleibt vom Staat ? Demokratie, Recht und Verfassung im globalen Zeitalter*, sous la dir. de Nicole Deitelhoff et Jens Steffek, Francfort-sur-le-Main, Campus, 2009, p. 259-280.

Günther, Klaus, « Kampf gegen das Böse ? Zehn Thesen wider die ethische Aufrüstung der Kriminalpolitik », *Kritische Justiz*, vol. 27, n° 2, 1994, p. 135-157.

Günther, Klaus, « Liberale und diskurstheoretische Deutungen der Menschenrechte », in *Rechtsphilosophie im 21. Jahrhundert*, sous la dir. de Winfried Brugger, Ulfrid Neumann et Stephan Kirste, Francfort-sur-le-Main, Suhrkamp, 2008, p. 338-359.

Günther, Klaus, « Von der gubernativen zur deliberativen Menschenrechtspolitik. Die Definition und Fortentwicklung der Menschenrechte als Akt kollektiver Selbstbestimmung », in *Menschenrechte und Volkssouveränität in Europa : Gerichte als Vormund der Demokratie ?*, sous la dir. de Gret Haller, Klaus Günther et Ulfrid Neumann, Francfort-sur-le-Main, Campus, 2011, p. 45-60.

Habermas, Jürgen, *Droit et Démocratie. Entre faits et normes* [1992], trad. fr. Rainer Rochlitz et Christian Bouchindhomme, Paris, Gallimard, coll. NRF Essais, 1997.

Habermas, Jürgen, *Philosophische Texte*, 5 vol., Francfort-sur-le-Main, Suhrkamp, 2009.

Habermas, Jürgen, *Théorie de l'agir communicationnel* [1981], trad. fr. Jean-Marc Ferry et Jean-Louis Schlegel, Paris, Fayard, 1987.

Habermas, Jürgen, *Une époque de transitions*, trad. fr. Christian Bouchindhomme, Paris, Fayard, 2005.

Habermas, Jürgen, « Zur Architektonik der Diskursdifferenzierung. Kleine Replik auf eine große Auseinandersetzung » [2005], in *Philosophische Texte*, Francfort-sur-le-Main, Suhrkamp, 2009, t. III, *Diskursethik*, p. 435-459.

Habermas, Jürgen, « L'État de droit démocratique : la réunion paradoxale de principes contradictoires ? », in *Une époque de transi-*

tions, trad. fr. Christian Bouchindhomme, Paris, Fayard, 2005, p. 167-194.

HABERMAS, Jürgen, « Hat die Konstitutionalisierung des Völkerrechts noch eine Chance ? » [2004], in *Philosophische Texte*, Francfort-sur-le-Main, Suhrkamp, 2009, t. IV, *Politische Theorie*, p. 298-312.

HABERMAS, Jürgen, « Konstitutionalisierung des Völkerrechts und die Legitimationsprobleme einer verfaßten Weltgesellschaft » [2008], in *Philosophische Texte*, Francfort-sur-le-Main, Suhrkamp, 2009, t. IV, *Politische Theorie*, p. 313-401.

HABERMAS, Jürgen, « Zur Legitimation durch Menschenrechte » [1998], in *Philosophische Texte*, Francfort-sur-le-Main, Suhrkamp, 2009, t. IV, *Politische Theorie*, p. 298-312.

HALLER, Gret, GÜNTHER, Klaus et NEUMANN, Ulfrid (dir.), *Menschenrechte und Volkssouveränität in Europa : Gerichte als Vormund der Demokratie ?*, Francfort-sur-le-Main, Campus, 2011.

HONNETH, Axel, *La Lutte pour la reconnaissance*, trad. fr. Pierre Rusch, Paris, Éditions du Cerf, 2000.

HUBER, Wolfgang, *Gerechtigkeit und Recht. Grundlinien christlicher Rechtsethik*, Gütersloh, Chr. Kaiser, 1996.

KANT, Emmanuel, *Fondements de la métaphysique des mœurs*, trad. fr. Victor Delbos, in *Œuvres philosophiques II*, sous la direction de Ferdinand Alquié, Paris, Gallimard, coll. Bibliothèque de la Pléiade, 1984.

KANT, Emmanuel, *Métaphysique des Mœurs*, trad. fr. Joëlle et Olivier Masson, in *Œuvres philosophiques III*, sous la direction de Ferdinand Alquié, Paris, Gallimard, coll. Bibliothèque de la Pléiade, 1986.

KÖHLER, Wolfgang R., BRUNKHORST, Hauke et LUTZ-BACHMANN, Matthias (dir.), *Recht auf Menschenrechte*, Francfort-sur-le-Main, Suhrkamp, 1999.

Loi fondamentale de la République fédérale d'Allemagne (*Grundgesetz für die Bundesrepublik Deutschland*, GG ; 23 mai 1949).

LOHMANN, Georg et GOSEPATH, Stefan (dir.), *Philosophie der Menschenrechte*, Francfort-sur-le-Main, Suhrkamp, 1998.

LOHMANN, Georg, « Die Menschenrechte : unteilbar und gleichgewichtig ? — Eine Skizze », *Studien zu Grund- und Menschenrechten*, n° 11, Potsdam Universitätsverlag, Potsdam, 2005, p. 5-20.

LOHMANN, Georg, « Menschenrechte zwischen Moral und Recht », in *Philosophie der Menschenrechte*, sous la dir. de Stefan

GOSEPATH et Georg LOHMANN, Francfort-sur-le-Main, Suhrkamp, 1998, p. 62-95.

LUTZ-BACHMANN, Matthias, BRUNKHORST, Hauke et KÖHLER, Wolfgang R. (dir.), *Recht auf Menschenrechte*, Francfort-sur-le-Main, Suhrkamp, 1999.

MAUS, Ingeborg, « Menschenrechte als Ermächtigungsnormen internationaler Politik oder : der zerstörte Zusammenhang von Menschenrechten und Demokratie », in *Recht auf Menschenrechte*, sous la dir. de Hauke BRUNKHORST, Wolfgang R. KÖHLER et Matthias LUTZ-BACHMANN, Francfort-sur-le-Main, Suhrkamp, 1999, p. 276-292.

MCCRUDDEN, Christopher, « Human dignity and judicial interpretation of human rights », *The European Journal of International Law*, vol. 19, n° 4, 2008, p. 655-724.

NEUMANN, Ulfrid, GÜNTHER, Klaus et HALLER, Gret (dir.), *Menschenrechte und Volkssouveränität in Europa : Gerichte als Vormund der Demokratie ?*, Francfort-sur-le-Main, Campus, 2011.

NEVES, Marcelo, « La force symbolique des droits de l'homme », *Droit et Société*, n° 58, 2004, p. 599-632.

PEINE, Franz-Joseph et WOLFF, Heinrich A. (dir.), *Nachdenken über Eigentum, Festschrift für Alexander von Brünneck*, Baden-Baden, Nomos, 2011.

RAWLS, John, *Libéralisme politique* [1993] trad. fr. Catherine Audard, Paris, PUF, 1995.

RAWLS, John, *Théorie de la justice* [1971], trad. fr. Catherine Audard, Paris, Éditions du Seuil, 1987.

SCHMITT, Carl, *Das internationalrechtliche Verbrechen des Angriffskrieges und der Grundsatz « Nullum crimen, nulla poena sine lege »* [1945], édité, annoté et postfacé par Helmut Quaritsch, Berlin, Duncker & Humblot, 1994.

SCHMITT, Carl, *Guerre discriminatoire et logique des grands espaces*, trad. fr. François Poncet, notes et commentaires de Günter Maschke, Paris, Krisis, 2011.

SCHMITT, Carl, « Le passage au concept de guerre discriminatoire », in *Deux textes de Carl Schmitt*, trad. fr. Robert Kolb, Paris, Éditions A. Pedone, 2009.

STEFFEK, Jens et DEITELHOFF, Nicole (dir.), *Was bleibt vom Staat ? Demokratie, Recht und Verfassung im globalen Zeitalter*, Francfort-sur-le-Main, Campus, 2009.

STEIN, Tine, *Himmlische Quellen und irdisches Recht. Religiöse Voraussetzungen des freiheitlichen Verfassungsstaates*, Francfort-sur-le-Main, Campus, 2007.

WALDRON, Jeremy, « Dignity and rank », *Archives européennes de sociologie*, vol. 48, n° 2, 2007, p. 201-237.

WELLMER, Albrecht, « Menschenrechte und Demokratie », in *Philosophie der Menschenrechte*, sous la dir. de Stefan GOSEPATH et Georg LOHMANN, Francfort-sur-le-Main, Suhrkamp, 1998, p. 265-291.

WOLFF, Heinrich A. et PEINE, Franz-Joseph (dir.), *Nachdenken über Eigentum, Festschrift für Alexander von Brünneck*, Baden-Baden, Nomos, 2011.

Notes

PRÉFACE À L'ÉDITION FRANÇAISE

1. [N.d.T.] : Il s'agit du nouveau traité international, appelé « traité fiscal » par le Président Van Rompuy et décidé par le Conseil européen le 30 janvier 2012. Intitulé Traité sur la stabilité, la coordination et la gouvernance au sein de l'Union monétaire et économique, il a été signé le 2 mars 2002 par 25 pays (le Royaume-Uni et la République tchèque ayant refusé d'y prendre part) et entrera en application le 1er janvier 2013 (s'il a été ratifié par au moins 12 pays). Piloté par les États membres de la zone euro, il impose à tous les signataires de limiter à 0,5 % leurs déficits primaires annuels sur l'ensemble du cycle économique et prévoit des sanctions automatiques pour les pays dont le déficit passerait la barre des 3 % du produit intérieur brut.

2. [N.d.T.] : Discours très remarqué, intitulé : « Deutschland in und mit und für Europa », prononcé par l'ancien Chancelier, aujourd'hui âgé de 92 ans, à l'occasion du congrès fédéral du SPD, le 4 décembre 2011. Voici le passage auquel fait allusion Jürgen Habermas : « Si on considère aujourd'hui, fin 2011, l'Allemagne de l'extérieur, avec les yeux de nos voisins, on voit que l'Allemagne suscite depuis quelques années un malaise [...]. Au cours des dernières années sont apparus de vrais doutes sur la continuité de la politique allemande. La confiance dans la fiabilité de la politique allemande est endommagée. » (trad. Nathalie Versieux, pour le journal genevois *Le Temps*, qui publia, sous le titre « L'intégration européenne, un devoir allemand »,

de très larges extraits du discours dans son édition du 7 décembre 2011).

3. [N.d.T.] : Nous traduisons par « entité commune » le concept *Gemeinwesen*, d'un usage assez fréquent en sciences sociales et en philosophie. « Communauté » est la traduction française la plus fréquente ; mais c'est aussi celle de *Gemeinschaft*, qui doit être distingué, en allemand, de *Gemeinwesen.*

Kant (*Métaphysique des mœurs*, trad. fr. Joëlle et Olivier Masson, in *Œuvres philosophiques III*, sous la direction de Ferdinand Alquié, Paris, Gallimard, coll. Bibliothèque de la Pléiade, 1986, p. 575 ; *Akademie-Ausgabe*, Berlin, 1902 —, tome VI, p. 311), qui inspire ici l'usage habermassien, propose l'équivalent latin *res publica « latius sic dicta »* (au sens large) — à ce titre, on peut d'ailleurs le rapprocher de *commonwealth* en anglais classique, que Hobbes traduit également par *res publica* ; le sens est ainsi exactement posé, mais implique que *res publica* soit dissocié de toute connotation étatique directe. Le rendre par le français « république » serait par conséquent équivoque.

Dans la mesure où, d'une part, dans un contexte moderne, *Gemeinwesen* peut être défini comme « toute construction de droit public instituant un ensemble de personnes liées par une appartenance commune » (par exemple, une commune ou un État), et où, d'autre part, les dictionnaires juridiques français définissent l'État comme une « entité collective de droit public », nous avons pris le parti de traduire *Gemeinwesen* par « entité commune », étant entendu qu'il s'agit, le plus souvent ici, d'une entité commune politique supra-étatique.

INTRODUCTION

1. [N.d.T.] : Le 11 mars 2011, les chefs d'État ou de gouvernement de la zone euro décidèrent de créer une coordination renforcée des politiques économiques qui fut appelée « pacte pour l'euro » (intitulé technique : « pacte pour la stabilité de la zone euro ») ; ce projet fut soumis au Conseil européen des 24 et 25 mars et s'est intitulé alors « pacte pour l'euro plus » — qui demeure son appellation actuelle.

2. [N.d.T.] : Sorte d'alliance de mots, l'expression a été forgée, notamment par les représentants de l'État du Québec, pour critiquer le détournement du principe fédéral auquel se livreraient le gouvernement fédéral et les gouvernements provinciaux (anglophones). Ceux-

ci, en effet, inclineraient à court-circuiter les différents Parlements par un recours excessif à des décisions collégiales ; ce fut le cas, au début des années quatre-vingt-dix, avec des décisions adoptées en Conférence des premiers ministres, une pratique qui a été critiquée et décrédibilisée, mais qui se poursuit néanmoins aujourd'hui par l'entremise du Secrétariat des conférences intergouvernementales canadiennes. (Voir, à ce propos, le site de l'Observatoire de l'administration publique : http://etatscanadiens-canadiangovernments.enap.ca).

3. [N.d.T.] : Traduire *Zivilisierung* ou *zivilisieren* en français pose un problème bien difficile à surmonter. Outre que l'on ne dispose pas de substantif qui désigne le processus « civilisateur » lui-même (l'usage de « civilisation » en ce sens étant aujourd'hui périmé), le verbe « civiliser » est trop fortement connoté par le passé colonial pour traduire seul *zivilisieren*, qui signifie « poser les conditions de possibilité de rapports “civils” », « civil » étant avant tout compris ici comme « respectueux d'autrui ». Pour ne pas perdre la racine *cives* (lat. : citoyen), nous avons donc conservé « civiliser » en le doublant d'« humaniser » ; aussi peu satisfaisante que soit cette solution, elle permet cependant d'éviter de trop lourdes et inintelligibles périphrases.

4. [N.d.T.] : La banque d'investissement multinationale Lehman Brothers s'est déclarée en faillite le 15 septembre 2008 ; Barack Obama a été élu le 4 novembre de la même année ; et l'entretien parut le 6 novembre.

5. [N.d.T.] : Angela Merkel dirigeait alors un gouvernement de grande coalition CDU/CSU-SPD, Peer Steinbrück (SPD) était son ministre des Finances. Depuis le 28 octobre 2009 (Cabinet Merkel II), elle dirige un gouvernement de coalition CDU/CSU-FDP.

6. [N.d.T.] : Jürgen Habermas utilise l'expression très utilisée — *Klein-Klein* — pour qualifier la politique de la coalition au pouvoir ; c'est une expression apparemment empruntée au jargon du football, qui désigne un jeu de passes trop courtes dans un espace trop restreint.

7. [N.d.T.] : Les élections régionales se déroulèrent précisément le 9 mai 2010. La CDU avait conquis de haute lutte en 2005 cet État régional gouverné par le SPD depuis 1966.

8. [N.d.T.] : Voir note 1 p. 186.

9. [N.d.T.] : Le « pacte pour l'euro » fut décidé le 11 mars et adopté le 25 mars 2011 ; les élections législatives régionales (au *Landtag*) du Bade-Wurtemberg eurent lieu le 27 mars.

10. Voir les Sources p. 161-162.

I

APRÈS LA BANQUEROUTE

ENTRETIEN

1. [N.d.T.] : Jürgen Habermas s'est rendu aux États-Unis de la mi-septembre à la fin octobre 2008, pour y participer à un séminaire à l'Université Stony Brook de New York du 18 septembre au 7 octobre, prendre part à un cycle de conférences (Castle Lectures) à New Haven (Université Yale) du 3 au 13 octobre, et enfin participer à un colloque à la New York University, le 22 octobre.

2. [N.d.T.] : Jürgen Habermas utilise une expression qui devient courante en allemand : *Häppchenkultur*, littéralement, culture « des petites bouchées », des « amuse-gueules », qui renvoient tout à la fois à ce qui est varié, tape à l'œil et court. J'ai choisi de « traduire » par *zakouski*, car c'est aussi par ce mot qu'on désigne, dans la presse écrite, les articles brefs et les « accroches » de première page, censés favoriser la vente.

3. [N.d.T.] : *Legitimationskrise des Kapitalismus* (Francfort-sur-le-Main, Suhrkamp, 1973) fut traduit en français sous le titre *Raison et Légitimité* (trad. fr. Jean Lacoste, Paris, Payot, 1978).

4. [N.d.T.] : Le « consensus de Washington » tire son appellation d'un article publié par l'économiste John Williamson, « What Washington means by Policy Reform ? » (1990), dans lequel il formulait les dix commandements d'une politique susceptible de faire face (en Amérique latine en particulier) à la crise de la dette extérieure : stricte discipline budgétaire, réforme fiscale, taux de parité unique et compétitif, privatisation des monopoles publics, déréglementation des marchés, etc. Ces « commandements » ont été la source d'inspiration première d'un ensemble de mesures adopté de conserve par le FMI et la Banque mondiale, avec le soutien du Département du Trésor américain, au début des années quatre-vingt-dix.

5. [N.d.T.] : Soit en 1973.

6. [N.d.T.] : Allusion, bien sûr, un peu sarcastique à l'ouvrage de Kant sur les visions d'Emanuel Swedenborg.

7. [N.d.T.] : Gordon Brown choisit, en 2008, de faire intervenir massivement l'État, en nationalisant des banques, en les recapitalisant et apportant une garantie étatique aux prêts interbancaires. Le plan Paulson, initialement orienté vers un certain type d'intervention publique forte (prévoyant en particulier le rachat massif d'actifs toxiques), solli-

citait par surcroît l'implication d'autres pays (notamment européens) dans son plan. Gordon Brown déclara, lors de la conférence du parti travailliste, le 23 septembre 2008, qu'il allait rapidement rencontrer M. Paulson ; il se rendit bien aux États-Unis le lendemain, mais il semble que M. Paulson refusa tout rendez-vous. Le plan Paulson, déjà difficile à mettre en œuvre, fut rapidement modifié pour limiter les interventions de l'État à de simples prises de participation dans le capital des institutions financières fragilisées.

8. [N.d.T.] : L'Allemagne du XVIIIe siècle était composée de plus de deux cent cinquante principautés, dont certaines n'atteignaient pas la centaine de kilomètres carrés : on les appelait, en allemand, *Duodezfürstendümer*, principautés in-12°, et, parfois, en français, « principiculats », « seigneuries de principicules ».

9. [N.d.T.] : Jürgen Rüttgers, ministre de l'éducation, de la recherche et de la technologie (1994-1998) du dernier gouvernement Kohl, est devenu le chef de l'opposition CDU-CSU de la région Rhénanie du Nord-Westphalie dont il remporta les élections en 2005, mettant fin à trente-neuf ans de gouvernement régional SPD. Spécialiste de la défense des salariés au sein de la CDU, il s'était alors qualifié lui-même d'*« Arbeiterführer »*, en référence aux grands leaders révolutionnaires du mouvement ouvrier, notamment du *Vormärz* (prélude au « Printemps des peuples » de 1848-1849).

En 2010, il perd les élections régionales et met fin à son activité politique.

10. [N.d.T.] : Nous adaptons *« das Klein-Klein des bloßen Durchwurschtelns »* ; pour *Klein-Klein*, voir ci-dessus note 3 ; *das Durchwurschteln* signifie la « débrouille », le « faire avec », le « parer au plus pressé », le « remède à l'aveuglette », etc., c'est aussi un mot très utilisé pour qualifier les mesures de l'actuelle coalition, notamment en politique européenne.

II

LE SORT DE L'EUROPE SE JOUE SUR L'EURO

1. [N.d.T.] : Voir ci-dessus p. 89-90 et note 44 p. 203.

2. [N.d.T.] : Journaliste politique de la chaîne ZDF ; anime une émission de débats (« Maybrit Illner ») le jeudi à 22 h 15, dans laquelle elle reçoit quatre ou cinq personnalités des mondes politique, économique ou social.

3. [N.d.T.] : Homme d'affaires et chef d'entreprise suisse ; ancien patron du Crédit suisse, aujourd'hui, notamment, P.-D.G. de la Deutsche Bank, membre du directoire de la Conférence de Bilderberg et du Forum économique mondial (Davos). A été lourdement condamné dans l'affaire Mannesmann (2004), pour abus de confiance aggravé, à l'occasion de la fusion des groupes de télécommunication Mannesmann et Vodafone.

III

UN PACTE POUR OU CONTRE L'EUROPE ?

1. [N.d.T.] : 1° le 25 mars 2011, le Conseil européen s'engageait formellement sur un « pacte pour l'euro », décidé préalablement le 11 mars, et désormais baptisé « pacte pour l'euro plus » (ensemble d'engagements destinés à réduire l'endettement, à renforcer la stabilité et à garantir la compétitivité et la convergence des économies de la zone euro — voir *supra* note 1 p. 186) ; 2° le 27 mars 2011 eurent lieu les élections régionales dans le Bade-Wurtemberg, fief de la CDU et du Parti libéral (FDP), les conservateurs gouvernaient l'État régional depuis la fondation de l'État régional (1953) ; si la CDU arriva en tête de ces dernières élections, la coalition qu'elle formait avec les libéraux perdit plus de 10 % des voix et 17 sièges, au bénéfice presqu'exclusif des Verts (+ 12,5 % et gain de 19 sièges). Ceux-ci purent donc former une coalition avec le SPD, et le nouveau gouvernement régional est aujourd'hui présidé par le chef de file des Verts du Bade-Wurtemberg, Winfried Kretschmann. Il est à noter qu'après le séisme et le tsunami à l'origine des accidents nucléaires majeurs de Fukushima (11 mars), la Chancelière, dans l'espoir sans doute de limiter la progression des écologistes dans le Bade-Wurtemberg s'était engagée (24 mars) à une sortie rapide du nucléaire.

2. [N.d.T.] : Si le Bade-Wurtemberg est un bastion historique de la CDU et du Parti libéral, il l'est aussi des Verts, qui y dirigent en particulier plusieurs grandes municipalités et y animent un mouvement social permanent. Ce mouvement social a toutefois connu un essor inattendu, et dans une certaine mesure inespéré, à l'occasion du conflit qui a éclaté autour du projet ferroviaire « Stuttgart 21 ». Au milieu des années quatre-vingt-dix, un projet (impliquant la Deutsche Bahn, l'État fédéral, l'État régional du Bade-Wurtemberg et la Communauté

urbaine de Stuttgart) fut en effet élaboré afin de moderniser le nœud ferroviaire de Stuttgart (au centre de plusieurs lignes européennes d'importance), impliquant une complète restructuration de la gare centrale de la ville et de son environnement. Les travaux commencèrent au cours de l'été 2010, mais suscitèrent une si vive opposition des habitants, notamment lors de l'abattage des arbres du Schlossgarten, qu'il fallut reprendre les discussions (une concertation préalable avait bien eu lieu, mais quinze ans plus tôt et dans des conditions notoirement litigieuses).

Il est probable que ce mouvement a joué un certain rôle dans la victoire politique des Verts, lors des dernières législatives régionales en mars 2011, moins peut-être qu'on ne l'a cependant supposé. Ainsi, un médiateur a été nommé, Heiner Geißler (voir ci-dessous note 9 p. 193), pour tenter de trouver une solution au conflit. Un référendum fut décidé, qui se déroula le 27 novembre 2011. La coalition à la tête de l'État régional se divisa sur la question (le SPD étant pro-« Stuttgart 21 ») et les opposants au projet furent nettement battus (58,8 % des votants se prononçant pour la continuation des travaux). Il reste aujourd'hui que le mouvement, même affaibli, perdure ; il est peu probable cependant qu'il retrouve une ampleur suffisante pour arrêter à nouveau les travaux. Voir également ci-dessous note 11 p. 193.

3. [N.d.T.] : En français dans le texte.

4. [N.d.T.] : L'article est l'œuvre de Daniel Halberstam et Christoph Möllers ; concernant la décision du Tribunal constitutionnel allemand, voir ici-même chap. IV, en particulier p. 90 et note 48 p. 204.

5. [N.d.T.] : Homme politique allemand né en 1971, membre de la CSU, député fédéral à partir de 2002, spécialisé dans les questions géopolitiques, Karl-Theodor zu Guttenberg, a été ministre fédéral pour la Science et la Technologie du premier cabinet Merkel de février à octobre 2009, puis ministre fédéral de la Défense du second cabinet Merkel, d'octobre 2009 au 1er mars 2011. Issu de la plus vieille aristocratie bavaroise, époux de la comtesse Stephanie von Bismarck-Schönhausen, il a aussi été la coqueluche de la presse populaire, ce qui ne compta pas pour rien dans ses succès électoraux. Pendant l'hiver 2010-2011, plusieurs chercheurs, sans liens entre eux, découvrent que la thèse de droit public de Guttenberg (*Verfassung und Verfassungsvertrag. Konstitutionelle Entwicklungsstufen in den USA und der EU* [« Constitution et traité constitutionnel. Les degrés de développement constitutionnel aux États-Unis et dans l'UE »], Duncker & Humblot, Berlin, 2009) com-

porte certains éléments de plagiat, qu'ils communiquent à l'Université de Bayreuth, où Guttenberg soutint sa thèse en 2007. La presse, alertée, s'en fait l'écho à la mi-février. Guttenberg, soutenu par la presse populaire — et par Angela Merkel (« ce dont il s'agit, c'est du travail en tant que ministre fédéral de la Défense ; or ce travail, il l'accomplit excellemment, et pour moi, c'est tout ce qui compte »), conteste, puis reconnaît des « erreurs » ; mis en demeure par l'Université de Bayreuth, il doit finalement révoquer sa thèse le 23 février. Il démissionne finalement le 1er mars 2011. Une analyse systématique de la thèse mettra finalement en évidence 1202 plagiats de 132 sources, soit 10 298 lignes plagiées sur les quelque 16 500 que compte l'ouvrage ! La famille Guttenberg vit désormais aux États-Unis.

6. [N.d.T.] : Sauf erreur de notre part, l'article de Gary Hart, ancien candidat démocrate à la présidence, s'intitulait « "When Presidents Lie" : The Post-Truth Presidency » et était un peu antérieur (10 octobre 2004) à la réélection de George W. Bush. Il recensait l'ouvrage d'Eric Alterman, *When Presidents Lie,* New York, Viking, 2004. Le même titre, à propos du même ouvrage, a été repris par John W. Dean, dans le *Washington Post Monthly* du mois suivant (novembre 2004).

7. [N.d.T.] : Il s'agit de *Die Zeit* ; son rédacteur en chef, Giovanni di Lorenzo, publia en effet un éditorial (n° 9 du 24 février 2011) dans lequel il défendait une position tout à fait analogue à celle qu'Angela Merkel avait défendue trois jours plus tôt, ajoutant que tout le monde y perdrait : l'éviction d'un homme politique compétent et populaire ne ferait que déconnecter un peu plus la classe politique de l'opinion publique. « Guttenberg a perdu son titre de docteur en droit. C'est justice. Mais il doit rester en fonction. Et n'être jugé à l'avenir que sur ce qu'il y accomplit. » Le 24 novembre 2011, il publia, par ailleurs, une interview de Guttenberg dans *Die Zeit,* de quatre pages, initiative qu'il justifia en se défendant de favoriser un retour de Guttenberg sur la scène politique (« Si cela était, ce ne pourrait dépendre d'un journaliste, mais des électeurs. »). Les deux hommes ont cosigné enfin un livre d'entretiens, sorti en décembre (Giovanni di Lorenzo et Karl-Theodor zu Guttenberg, *Vorerst gescheitert : Karl-Theodor zu Guttenberg im Gespräch mit Giovanni di Lorenzo* [« Un échec, pour l'instant : K.-T. z. Guttenberg s'entretient avec G. di Lorenzo »], Herder Verlag, Freiburg, 2011).

8. [N.d.T.] : Joachim Gauck, né en 1940, pasteur et homme politique, a d'abord été l'une des figures dirigeantes du « Nouveau Forum » (*Neues Forum*), centre de la protestation en RDA, dans les années qua-

tre-vingt. Après la réunification, il refuse toute adhésion à un parti politique, mais accepte d'être le premier Commissaire fédéral à la documentation de la Stasi, de 1990 à 2000. Toujours impliqué dans le mouvement associatif, il accepte cependant d'être candidat au poste de président fédéral d'Allemagne en juin 2010, soutenu par les Verts et le SPD ; il échouera au troisième tour face à Christian Wulff (CDU).

Après la démission contrainte de Christian Wulff pour concussion, le 17 février 2012, Joachim Gauck fut élu président fédéral le 18 mars avec 991 voix sur 1232 votants.

9. [N.d.T.] : Heinrich [Heiner] Geißler, né en 1930, est une figure éminente de la CDU ; élu député dès 1965, il est plusieurs fois ministre régional (Rhénanie-Palatinat) et deux fois ministre fédéral, dans les deux premiers cabinets Kohl. Il sera aussi vice-président de la CDU-CSU de 1991 à 1998. Il doit sa renommée, tout d'abord, à une capacité unique, qui lui valut bien des inimitiés tenaces, à marier l'habileté, la dureté et la pugnacité politiques ; mais il la doit, surtout, désormais à son engagement altermondialiste. Ayant renoncé à tout mandat, mais toujours membre de la CDU, il se rapproche en effet, à la fin des années quatre-vingt-dix du mouvement altermondialiste, et est aujourd'hui membre d'Attac-Allemagne. Cette position singulière lui a valu à plusieurs reprises d'être sollicité comme médiateur dans des conflits majeurs — et encore actuellement dans le conflit autour du projet ferroviaire « Stuttgart 21 ».

10. [N.d.T.] : En français dans le texte.

11. [N.d.T.] : Voir ci-dessus, à propos de « Stuttgart 21 », note 2 p. 190. Si, dans le présent article d'avril 2011, Jürgen Habermas suggère un possible lien entre la victoire d'« Alliance 90/Les Verts » et le mouvement d'opposition à « Stuttgart 21 », sa sympathie pour ce dernier n'a jamais été que relative. L'extrait qui suit, d'un article paru quelques mois plus tôt dans le *New York Times* (28 octobre 2010) et dans *Le Monde* (2 janvier 2011) permet de s'en faire une idée plus précise (on y trouve, d'ailleurs, d'intéressants recoupements avec le présent article d'avril 2011) :

« [Outre les sentiments nationalistes], il est une autre tendance qui me paraît tout aussi préoccupante : l'inclination à préférer des figures non-politiques sur la scène publique, qui renvoie à un trait fort suspect de la culture politique allemande, le rejet des partis et de la politique des partis.

Au cours de l'élection par le Parlement du Président fédéral, l'été dernier, Joachim Gauck, le militant des droits civiques, sans expérience politique et non-inscrit, s'est trouvé être le candidat opposé à Christian

Wulff, politicien de carrière. Contre la majorité du collège électoral, Gauck, un pasteur protestant dont l'histoire tient avant tout dans son opposition à l'ancien régime est-allemand, gagna les cœurs du plus grand nombre et faillit remporter l'élection.

C'est encore ce même attrait pour les figures charismatiques qui ne se mêlent pas aux querelles politiques que l'on peut déceler dans la déconcertante popularité dont jouit notre aristocratique ministre de la défense, Karl-Theodor zu Guttenberg, qui, sans faire valoir beaucoup plus que son arrière-plan familial, ses manières polies et une judicieuse garde-robe, est parvenu à éclipser la renommée de Merkel.

Plus préoccupantes encore sont ces manifestations dont nous avons été récemment les témoins à Stuttgart, qui virent des dizaines de milliers de personnes protester contre le projet de démolition de l'ancienne gare par les Chemins de fer fédéraux allemands (*Deutsche Bundesbahn*). Ces manifestations qui ont duré des mois rappellent, à certains égards, le spontanéisme de l'opposition extraparlementaire des années soixante, à cette différence près, cependant, qu'aujourd'hui ce sont des gens de tous âges et de toutes conditions qui descendent dans la rue, et que leur objectif immédiat est conservateur : préserver un monde familier dans lequel la politique fait irruption comme le bras armé d'un supposé progrès économique.

Derrière ces manifestations toutefois, c'est un conflit plus profond qui se trame et qui touche à la compréhension que nous avons de la démocratie. Le Bade-Wurtemberg, dont Stuttgart est la capitale, est dirigé par un gouvernement de région qui a choisi de porter sur ces manifestations un regard étroit : le gouvernement fédéral est-il ou non habilité à porter légalement et sur le long terme des mégaprojets de ce type ? Face à cela, en pleine tourmente, le président du Tribunal constitutionnel fédéral décida alors de voler au secours du projet, plaidant que le public avait été consulté quinze ans plus tôt, qu'il avait approuvé le projet à l'issue d'un vote et n'avait par conséquent plus à intervenir dans son exécution.

Or il est apparu que les autorités n'avaient pas, à l'époque, fourni une information suffisante, de sorte que les citoyens n'avaient pas pu se forger une opinion suffisamment informée sur laquelle fonder leur choix. Prétendre aujourd'hui qu'ils n'ont plus leur mot à dire sur le cours des choses revient donc à se reposer sur une compréhension formelle de la démocratie. La question est alors la suivante : la participation dans les procédures démocratiques n'a-t-elle pour signification fonctionnelle que de réduire au silence la minorité battue, ou implique-t-elle une signification délibérative qui inclut les arguments des citoyens dans le processus démocratique de formation de la volonté et de l'opinion ? »

IV
LA CRISE DE L'UNION EUROPÉENNE À LA LUMIÈRE D'UNE CONSTITUTIONNALISATION DU DROIT INTERNATIONAL

1. Je remercie Armin von Bogdandy pour son aide minutieuse ainsi que Claudio Franzius et Christoph Möllers pour leurs conseils critiques.

2. Jochen Abraham Frowein, « Konstitutionalisierung des Völkerrechts », in *Völkerrecht und Internationales Privatrecht in einem sich globalisierenden internationalen System*, sous la dir. de Jürgen Dicke *et alii*, Berichte der Deutschen Gesellschaft für Völkerrecht, t. 39, Heidelberg, C. F. Müller, 2000, p. 427-447. Cette perspective se conçoit, certes, en particulier de la part de juristes allemands, mais si elle s'impose aujourd'hui, c'est avant tout pour des raisons politiques ; voir sur ce point la préface dans *Strukturfragen der Europäischen Union*, sous la dir. de Claudio Franzius, Franz C. Mayer et Jürgen Neyer, Baden-Baden, Nomos, 2010, p. 16. On trouve, par ailleurs, une brillante analyse de la contribution germanophone à l'histoire du droit international, mettant en outre en lumière la prééminence de l'idée d'une constitutionnalisation du droit international dans la science juridique allemande, dans l'article de Martti Koskenniemi, « Between Coordination and Constitution : International Law as German Discipline », *Redescriptions. Yearbook of Political Thought, Conceptual History and Feminist Theory*, vol. 15, 2011, p. 45-70.

3. Voir, à propos de cette interprétation de Kant ne considérant le modèle de la confédération que comme un pas sur la voie d'une intégration plus large des peuples, Ulrich Thiele, « Von der Volkssouveränität zum Völker(staats)recht. Kant — Hegel — Kelsen : Stationen einer Debatte », in *Transnationalisierung der Volkssouveränität. Radikale Demokratie diesseits und jenseits des Staates*, sous la dir. d'Oliver Eberl, Stuttgart, Franz Steiner, 2011, p. 175-196. On y lit : « Cette forme particulière de contrat, qui, au nom de la paix perpétuelle, transmettrait les droits souverains nationaux à des organes supra- ou internationaux, devrait procéder d'un "contrat des peuples entre eux" et non simplement d'un contrat passé entre les souverains effectifs. » (p. 179)

4. Je me suis, à maintes reprises, entre 1995 et 2005, confronté à l'idée kantienne d'un droit cosmopolitique ; voir « La paix perpétuelle.

Le bicentenaire d'une idée kantienne », in *L'Intégration républicaine*, trad. fr. Rainer Rochlitz, Paris, Fayard, 1998, article d'abord publié en volume séparé aux Éditions du Cerf (*La Paix perpétuelle*, Paris, 1996), p. 161-204 ; « Hat die Konstitutionalisierung des Völkerrechts noch eine Chance ? » (2004), in *Philosophische Texte*, Francfort-sur-le-Main, Suhrkamp, 2009, t. IV, *Politische Theorie*, p. 313-401 ; « Une constitution politique pour une société mondiale pluraliste ? », trad. fr. Alexandre Dupeyrix in *Entre naturalisme et religion. Les défis de la démocratie*, trad. fr. Christian Bouchindhomme et Alexandre Dupeyrix, Paris, Gallimard, coll. NRF Essais, 2008, p. 270-321.

5. La manière dont les politiques gèrent cette crise trahit une énorme incertitude prévisionnelle des expertises économiques dont elle a fait l'objet.

6. [N.d.T.] : Voir ci-dessus note 1 p. 186.

7. [N.d.T.] : Rappelons que si le Conseil (des ministres) détient conjointement avec le Parlement le pouvoir législatif au sein de l'Union, le Conseil européen (des chefs d'État ou de gouvernement) n'est, en principe et en droit, qu'une force de proposition. Voir ci-dessous note 55 p. 205.

8. À ce propos, voir ici-même p. 50-63 « Un pacte pour ou contre l'Europe ? ».

9. [N.d.T.] : Rappel : au Royaume-Uni, des émeutes violentes de grande ampleur ont touché plusieurs métropoles entre les 6 et 10 août 2011, à la suite de la mort d'un jeune homme, abattu lors d'une fusillade avec la police, à Londres ; en Espagne, un ample mouvement protestataire proche de l'altermondialisme s'est développé à partir de la mi-mai 2011, le « Mouvement des indignés » (*Movimiento 15-M* ou *Los Indignados*) pour atteindre son paroxysme au milieu de l'été et mobiliser alors 8 à 9 millions de personnes — il est l'origine d'un mouvement analogue qui s'est ensuite développé aux États-Unis, sous le mot d'ordre « Occupy Wall Street ». Ces deux phénomènes, bien distincts, ont en commun, outre leur simultanéité, d'avoir impliqué de larges franges de la population jeune et de s'être amplifiés très rapidement.

10. [N.d.T.] : Gouverneur de la BCE du 1er novembre 2003 au 31 octobre 2011. Remplacé, depuis, par Mario Draghi.

11. [N.d.T.] : Homme politique allemand, figure éminente de la CDU ; plusieurs fois ministre des gouvernements Kohl, ministre fédéral de l'Intérieur dans le premier gouvernement Merkel, il est actuellement ministre des finances. (En 1990, Wolfgang Schäuble a été victime d'un attentat, commis par un déséquilibré, qui l'a rendu hémiplégique.)

12. Stefan Oeter, dans son article « Föderalismus und Demokratie »

(in *Europäisches Verfassungsrecht. Theoretische und dogmatische Grundzüge*, sous la dir. d'Armin von Bogdandy et Jürgen Bast, Heidelberg, Springer 2010, p. 73-120), utilise l'expression « fédéralisme exécutif » dans un autre sens : « Dans le système de l'UE, les bureaucraties communautaires s'affranchissent du contrôle des Parlements locaux (nationaux) en déplaçant les problèmes de décision au niveau européen. Mais, au niveau européen, elles ne sont soumises à rien qui ressemble de près ou de loin au contrôle politique tel qu'il existe dans les systèmes constitutionnels nationaux. » (p. 104).

13. La réunification des deux États allemands a fourni, en son temps, à cet état d'esprit l'occasion de se manifester en Allemagne, en réaction aussi au traité de Maastricht ; voir, par exemple, Hermann Lübbe, *Abschied vom Superstaat. Vereinigte Staaten von Europa wird es nicht geben*, Berlin, Siedler, 1994.

[N.d.T.] : La thèse du *« no demos »* n'a pas de défenseur exprès. L'expression (*no demos thesis*) a été forgée, à ma connaissance, par Joseph H. Weiler pour qualifier les réserves émises par le Tribunal constitutionnel fédéral sur la conformité du traité de Maastricht avec les principes constitutionnels allemands (*BVerfGE 89, 155* du 12 octobre 1993), et relayées par Paul Kirchhof (entre autres dans « Europäische Einigung und der Verfassungsstaat der Bundesrepublik Deutschland », in *Europa als politische Idee und als rechtliche Form*, sous la dir. de Josef Isensee, Berlin, Duncker & Humblot, 1993) et Dieter Grimm (*Braucht Europa eine Verfassung*, Munich, Carl Friedrich von Siemens Stiftung, 1995). L'expression a ensuite été largement reprise dans un sens plus général.

L'expression n'ayant guère été reprise ou transposée en français, on ne devrait donc pouvoir la dire tout à fait « fameuse », mais ce serait sans compter sur la conviction qu'elle recouvre, qui est, elle, sous diverses formes, assez largement partagée, de Pierre Manent à Étienne Tassin, en passant par Dominique Schnapper et quelques autres (voir, sur ce point, Justine Lacroix, *L'Europe en procès. Quel patriotisme au-delà des nationalismes ?*, Paris, Éditions du Cerf, 2004, et *La Pensée française à l'épreuve de l'Europe*, Paris, Grasset, 2008).

14. Norbert Elias (*La Civilisation des mœurs* et *La Dynamique de l'Occident*, trad. fr. Pierre Kamnitzer, Paris, Calmann-Lévy, 1975 ; Paris, Presses Pocket, 1989, 1990) développe ce concept de *Zivilisierung* surtout en rapport avec la croissance des capacités socio-psychologiques de contrôle de soi liées au processus de modernisation. [N.d.T.] : Voir également, ci-dessus, n. 3 p. 187.

15. [N.d.T.] : Jürgen Habermas associe ici en deux phrases quatre des concepts qui couvrent le champ lexical du « pouvoir » : *Macht, Kraft, Herrschaft* et *Gewalt.* Si nous disposons également en français d'au moins quatre concepts — pouvoir, puissance, domination et force —, ils ne traduisent malheureusement pas avec exactitude les quatre concepts allemands ; nous avons donc ici rompu avec l'usage consistant à traduire *Herrschaft* par l'équivoque « domination », préférant privilégier la dimension du pouvoir *exercé,* et tenté de reconfigurer la logique conceptuelle de l'auteur à partir des champs sémantiques français — au détriment d'une équivalence lexicale, au demeurant toujours illusoire.

16. La théorie systémique décrit ce processus comme le « couplage » des sous-systèmes du droit et de la politique différenciés par des codes spécifiques ; voir Niklas Luhmann, *Das Recht der Gesellschaft,* Francfort-sur-le-Main, Suhrkamp, 1994.

17. [N.d.T.] : Expression empruntée au vocabulaire de la chimie — en allemand, *Aggregatzustand.* Les « états d'agrégation » désignent, en particulier, ce que l'on appelle de manière plus usuelle les « états de la matière » (gazeux, liquide, solide).

18. Heinrich Meier, *Die Lehre Carl Schmitts,* Stuttgart, J. B. Metzler, 2004.

19. Carl Schmitt, *La Notion de politique. Théorie du partisan,* trad. fr. Marie-Louise Steinhauser, préf. Julien Freund, Paris, Calmann-Lévy, 1972 ; Paris, Flammarion, 1992.

20. C'est dans ce contexte que l'on peut comprendre la polémique que Carl Schmitt a livrée sa vie durant contre la pénalisation en droit international de la guerre d'agression ; voir Carl Schmitt, « Le passage au concept de guerre discriminatoire » (1938), in *Deux textes de Carl Schmitt,* trad. fr. Robert Kolb, Paris, Éditions A. Pedone, 2009, ou « Le tournant vers le concept discriminatoire de la guerre », in *Guerre discriminatoire et logique des grands espaces,* trad. fr. François Poncet, notes et commentaires de Günter Maschke, Paris, Krisis, 2011.

21. [N.d.T.] : Rappelons que le *jus in bello* est le « droit dans la guerre » ; il impose un cadre *légal* international à la conduite de la guerre (Conventions de La Haye et de Genève). Il ne faut pas le confondre avec le *jus ad bellum,* le « droit à la guerre », qui invoque des motifs présentés comme *légitimes* (guerre « juste », menace extérieure, besoin d'espace vital, etc.) au déclenchement d'une guerre. On parle également aujourd'hui d'un *jus contra bellum* (droit de faire la guerre à la guerre ou droit de prévention de la guerre) qui codifierait supranationalement les « crimes d'agression » et les « crimes contre la paix » (Statut de Rome, 1998), mais il peine encore à faire consensus.

22. Martti Koskenniemi, *The Gentle Civilizer of Nations. The Rise and Fall of International Law 1870-1960*, Cambridge, Cambridge University Press, 2001 ; en français, voir également *La Politique du droit international*, trad. de l'anglais par Hélène Cadet, Sarah Cassella, Gaëlle Hourriez *et al.*, Paris, A. Pedone, 2007.

23. David Held et Anthony McGrew, *Governing Globalization. Power Authority, and Global Governance*, Cambridge, Polity Press, 2002.

24. Dans *Le Conflit des facultés*, Kant parle, en songeant à la Révolution, « d'un événement de notre temps qui prouve cette tendance morale de l'espèce humaine ». Toutefois, « il s'agit simplement de la façon de penser des spectateurs à l'occasion de ce jeu des grands bouleversements », qui « trahit publiquement » une disposition à progresser moralement : Kant, *Le Conflit des facultés*, trad. fr. Alain Renaut, in *Œuvres philosophiques*, sous la direction de Ferdinand Alquié, Paris, Gallimard, coll. Bibliothèque de la Pléiade, 1980-1986, tome III, p. 894 (que nous citerons désormais *Pl* suivi de la référence à l'édition de l'Académie, ici *AkA* VII, p. 85).

25. Voir la critique d'Ingeborg Maus, « Menschenrechte als Ermächtigungsnormen internationaler Politik oder : der zerstörte Zusammenhang von Menschenrechten und Demokratie », in *Recht auf Menschenrechte. Menschenrechte, Demokratie und internationale Politik*, sous la dir. de Hauke Brunkhorst, Wolfgang R. Köhler et Matthias Lutz-Bachmann, Francfort-sur-le-Main, Suhrkamp, 1999, p. 276-292 ; *ead.*, « Verfassung oder Vertrag. Zur Verrechtlichung globaler Politik », in *Anarchie der kommunikativen Freiheit. Jürgen Habermas und die Theorie der internationalen Politik*, sous la dir. de Peter Niesen et Benjamin Herborth, Francfort-sur-le-Main, Suhrkamp, 2007, p. 350-382.

26. Michael Zürn et Matthias Ecker-Ehrhardt (dir.), *Die Politisierung der Weltpolitik*, Berlin, Suhrkamp, 2012 ; voir également David Held et Anthony McGrew (dir.), *The Global Transformations Reader. An Introduction to the Globalization Debate*, Cambridge, Polity Press, 2000.

27. [N.d.T.] : *Fremd* signifie l'étranger, mais compris dans un sens généralement moins unilatéral qu'en français.

28. Sur le processus démocratique et, d'une manière générale, sur la compréhension délibérative de la politique démocratique, voir mes articles : « Trois modèles normatifs de la démocratie », in *L'Intégration républicaine*, trad. fr. Rainer Rochlitz, Paris, Fayard, 1998, p. 259-274, et « Hat die Demokratie noch eine epistemische Dimension ? Empirische Forschung und normative Theorie » (2008), in *Philosophische Texte*, Francfort-sur-le-Main, Suhrkamp, 2009, t. IV, *Politische Theorie*, p. 87-139.

29. Voir sur ce point, Michael Zürn, « Die Rückkehr der Demokratiefrage. Perspektiven demokratischen Regierens und die Rolle der Politikwissenschaft », *Blätter für deutsche und internationale Politik*, n° 6, 2011, p. 63-74.

30. Sur les raisons, voir Christoph Möllers, *Die drei Gewalten. Legitimation der Gewaltengliederung in Verfassungsstaat, Europäischer Integration und Internationalisierung*, Weilerswist, Velbrück Wissenschaft, 2008, p. 158 s.

31. Robert A. Dahl, « Federalism and the democratic process », in *Nomos XXV : Liberal Democracy*, sous la dir. de J. Roland Pennock et John W. Chapman, New York, New York University Press, 1983, p. 95-108, p. 105.

32. Thomas Groß, « Postnationale Demokratie — gibt es ein Menschenrecht auf transnationale Selbstbestimmung ? » *Rechtswissenschaft*, n° 2, 2011, p. 125-153.

33. Hagen Schulze, *État et nation dans l'histoire de l'Europe* (1994), trad. fr. Denis-Armand Canal, Paris, Éditions du Seuil, 1996, p. 201 s.

34. [N.d.T.] : voir ci-dessus note 21 p. 198.

35. Si l'on prend en compte ce que présuppose empiriquement l'autonomie effective d'action d'un État dans ses frontières internationalement reconnues — et donc n'opérant nullement dans l'espace ouvert —, on retrouve l'excédent sémantique qui s'est toujours trouvé associé à la conception (venant de l'absolutisme) de la souveraineté et qui, non sans ironie, demeure toujours associé à elle — et ce malgré les interdépendances qui se mondialisent ; voir à ce propos, et dans notre contexte, Neil Walker (dir.), *Sovereignty in Transition*, Oxford, Hart Publishing, 2003.

36. Carl Schmitt (*Théorie de la Constitution* [1928], trad. fr. Liliane Deroche, Paris, PUF, 1993, 2008, § 17) inverse ce lien pour l'exacerber dans le sens de la démocratie plébiscitaire se reconnaissant dans un guide (*plebiszitäre Führerdemokratie**) : existentiellement, les citoyens — qui n'ont de cesse de s'affirmer collectivement, surtout dans la guerre —, approuvent une constitution politique qui leur garantit non de prendre part à la démocratie, mais bien de prendre position par plébiscite.

*[N.d.T.] : L'expression et son concept sont dus à Max Weber (voir sa « sociologie de la domination », dans *Économie et Société* [1921-1922], trad. fr. sous la dir. de Jacques Chavy et Éric de Dampierre, Paris, Plon, 1971 ; Pocket, coll. Agora, 1995, I.III.7).

37. Par cette condition « forte », j'exclus toutes les propositions de compromis tendant à réduire les exigences de légitimation aux processus de décision supranationaux. Il est impossible que l'on substitue à la

légitimation démocratique l'un des aspects qui la constituent (que ce soit la responsabilité, la justification délibérative, la transparence ou le statut d'État de droit) ; voir, pour cette discussion, les contributions de Jürgen Neyer, de Frank Nullmeier et Tanja Pritzlaff, et d'Erik Oddvar Eriksen *in* Rainer Forst et Rainer Schmalz-Bruns (dir.), *Political Legitimacy and Democracy in Transnational Perspective*, Arena Report, n° 2/11, Oslo, 2011.

38. Même un sceptique tel que William E. Scheuerman n'attache, de ce point de vue, aucune importance de principe à l'atout prétendu qu'offriraient les petits espaces ; voir sur ce point mon article « Der Republikanismus der Aufklärung im Zeitalter der Globalisierung », in *Transnationalisierung der Volkssouveränität*, sous la dir. d'Oliver Eberl, *op. cit.*, p. 251-270. J'y écris : « Le fait d'être un petit espace n'est pas un donné historique qui déterminerait de manière immédiatement identifiable l'étendue adéquate du territoire d'un État ; il s'agit bien plutôt d'une situation historiquement fluctuante qui ne résiste pas à la "densification spatio-temporelle" actuelle. » (p. 265) Parallèlement, nous ne pouvons pas non plus traiter à la légère le danger de distorsion systématique qu'encourt la communication en empruntant les circuits qu'offrent des sphères publiques politiques confrontées aux grands espaces et à l'hétérogénéité — en particulier dans des conditions d'appartenance (presque) totale des médias au secteur privé, comme aux États-Unis.

39. Ingolf Pernice, « Verfassungsverbund », in *Strukturfragen der Europäischen Union*, sous la dir. de Claudio Franzius, Franz C. Mayer et Jürgen Neyer, *op. cit.*, p. 102-109.

40. Hauke Brunkhorst, « A Polity without a State ? European Constitutionalism between Evolution and Revolution », in *Developing a Constitution for Europe*, sous la dir. d'Erik Oddvar Eriksen, John Erik Fossum et Augustin Jose Menendez, Londres, Routledge, 2004 ; *id.*, « State and Constitution : A Reply to Scheuerman », *Constellations*, vol. 15, n° 4, 2008, p. 493-501.

41. Ces trois composantes sont les pierres angulaires d'un système d'action politique. Elles renvoient à :

— la constitution d'une communauté de personnes juridiques,

— l'habilitation à l'action collective et

— à un horizon partagé au sein du monde vécu, à partir duquel une volonté collective peut se former de manière communicationnelle.

Cette conceptualisation ne doit cependant pas laisser supposer que l'analyse politique devrait reposer exclusivement sur une *théorie de l'action.* La sphère publique politique s'exprime dans le langage du droit qui circule dans la totalité de l'espace social, et elle communique via l'organisation étatique avec tous les autres systèmes fonctionnels de la société.

42. Christian Calliess, *Die neue Europäische Union nach dem Vertrag von Lissabon. Ein Überblick über die Reformen unter Berücksichtigung ihrer Implikationen für das deutsche Recht*, Tübingen, Mohr Siebeck, 2010, p. 84 s. et p. 352 s.

43. Claudio Franzius, *Europäisches Verfassungsrechtsdenken*, Tübingen, Mohr Siebeck, 2010, p. 38 s.

[N.d.T.] : *Arrêt Van Gend en Loos* : L'entreprise belge Van Gend en Loos était une entreprise de transports transfrontaliers entre la Belgique, l'Allemagne et les Pays-Bas. En 1962, des droits de douane nouveaux furent introduits par les Pays-Bas sur certains chargements, droits que l'entreprise belge, invoquant l'article 12 du Traité de Rome (« Les États membres s'abstiennent d'introduire entre eux de nouveaux droits de douane à l'importation et à l'exportation ou taxes d'effet équivalent »), refusa d'acquitter. La commission néerlandaise concernée introduisit un recours préjudiciel auprès de la CJCE, qui rendit sa décision le 5 février 1963, en l'étayant sur les attendus suivants :

« Attendu que l'objectif du Traité CEE, qui est d'instituer un marché commun dont le fonctionnement concerne directement les justiciables de la Communauté, implique que ce traité constitue plus qu'un accord qui ne créerait que des obligations mutuelles entre les États contractants ; [...]

Qu'il faut conclure de cet état de choses que la Communauté constitue un nouvel ordre juridique de droit international, au profit duquel les États ont limité, bien que dans des domaines restreints, leurs droits souverains, et dont les sujets sont non seulement les États membres mais également leurs ressortissants ;

Que, partant, le droit communautaire, indépendant de la législation des États membres, de même qu'il crée des charges dans le chef des particuliers, est aussi destiné à engendrer des droits qui entrent dans leur patrimoine juridique ;

Que ceux-ci naissent non seulement lorsqu'une attribution explicite en est faite par le Traité, mais aussi en raison d'obligations que le Traité impose d'une manière bien définie tant aux particuliers qu'aux États membres et aux institutions communautaires, etc. ».

Fut ainsi posé le principe d'*effet direct de l'ordre juridique communautaire* en droit interne, permettant aux particuliers d'invoquer directement une norme européenne devant une juridiction nationale ou européenne, que ce soit *verticalement* dans la relation des particuliers aux États, ou *horizontalement*, dans la relation des particuliers entre eux.

44. [N.d.T.] : Le principe de la « compétence de la compétence » (ou de la « compétence sur la compétence », ou encore de « compétence-compétence », ainsi qu'il est appelé, dans le domaine de l'arbitrage — national ou international —, où il est toujours en vigueur) est issu du droit allemand du XIXe siècle, dans lequel il était destiné à résoudre des problèmes juridictionnels liés à la fédération. D'une manière générale, ce principe postule que, lorsqu'une collision de compétences se produit entre deux juridictions territoriales ou lorsque, d'une manière ou d'une autre, des limites juridictionnelles empêchent un jugement, si une instance de niveau fédéral peut établir sa compétence sur ce litige, elle est habilitée à le faire et à rendre le jugement qui aura valeur contraignante et jurisprudentielle — elle a donc « la compétence de la compétence ».

Ce principe demeure très présent dans les débats juridiques. Le Tribunal constitutionnel fédéral s'y est d'ailleurs récemment référé, comme il l'avait déjà fait à propos du traité de Maastricht (*BVerfGE 89, 155, 2 BvR 2134, 2159/92*), dans sa décision relative au traité de Lisbonne (*BVerfG, 2 BvE 2/08* du 30 juin 2009) — par exemple : « La Loi fondamentale n'habilite pas les organes de l'État allemand à transférer des droits souverains, qui permettraient à l'Union européenne de fonder par elle-même et pour elle-même de nouvelles compétences, si elle venait à les exercer. Elle prohibe le transfert de la compétence de la compétence. » (§ 233). Voir à ce propos, ici même, l'analyse de Jürgen Habermas p. 100-101.

45. Claudio Franzius, *Europäisches Verfassungsrechtsdenken*, *op. cit.*, p. 42.

46. Armin von Bogdandy, « Grundprinzipien », in *Europäisches Verfassungsrecht*, sous la dir. d'Armin von Bogdandy et Jürgen Bast, *op. cit.*, p. 13-71, p. 38.

47. [N.d.T.] : On distingue en droit allemand contemporain la « primauté d'application » de la « primauté de validité », de la manière suivante : lorsqu'une norme d'un rang supérieur s'applique en lieu et place d'une norme applicable mais de rang inférieur, il y a « primauté d'application » ; lorsque deux normes juridiques entrent en conflit sur un même objet, la norme dont la supériorité est établie s'impose et frappe de nullité la norme inférieure, il y a « primauté de validité ». Sur ces usages au regard du droit communautaire, voir, en français, Xavier Volmerange, *Le Fédéralisme allemand face au droit communautaire*, Paris, Éditions de l'Harmattan, 2000, notamment p. 46 s.

48. Christoph Schönberger, « Lisbon in Karlsruhe : Maastricht's epigones at sea », *German Law Journal*, vol. 10, n° 8, 2009, p. 1201-1218 ; Daniel Halberstam et Christoph Möllers, « The German constitutional court says *"Ja zu Deutschland !"* », *German Law Journal*, vol. 10, n° 8, 2009, p. 1241-1258.

49. Conflits que le Tribunal constitutionnel espagnol aimerait sémantiquement résoudre au moyen des concepts de primacia et suprematia ; voir Claudio Franzius, *Europäisches Verfassungsrechtsdenken*, *op. cit.*, p. 47.

50. Ingolf Pernice, « Europäisches und nationales Verfassungsrecht », *Veröffentlichungen der Vereinigung der Deutschen Staatsrechtslehrer*, n° 60, 2001, p. 149-193.

[N.d.T.] : Nous traduisons le concept *Verfassungsverbund* forgé par Ingolf Pernice par « système constitutionnel composé », d'après un article consacré à ce concept et rédigé en français par Franz Mayer et Ingolf Pernice lui-même (« De la constitution composée de l'Europe », in *Revue trimestrielle de droit européen*, vol. 36, n° 4, oct.-déc. 2000, p. 623-647). Le *Verfassungsverbund* européen s'y trouve ainsi défini (p. 634) : « L'approche proposée d'un constitutionnalisme à plusieurs échelles (*multilevel constitutionalism*) suggère que l'Union européenne constitue un système constitutionnel composé d'un niveau national et d'un niveau supranational de pouvoir public légitime, qui s'influencent réciproquement et qui englobent les mêmes citoyens ou sujets de droit(*Verfassungsverbund*). Ce sont des dispositions comme l'article 88-1 de la constitution française ou l'article 23 de la constitution allemande qui "ouvrent" ces constitutions nationales pour la mise en place, par un acte commun des peuples respectifs, de cet ordre constitutionnel supranational. »

51. Christian Calliess parle d'une « compréhension matérielle de la constitution, qui détache le concept de constitution de celui d'État » (*Die neue Europäische Union*, *op. cit.*, p. 73)

52. [N.d.T.] : Le concept juridique allemand — *begrenzte Einzelermächtigung* — est plus explicite (« capacité individuelle d'habilitation limitée ») ; « dans les limites du principe d'attribution » est néanmoins conforme à la terminologie officielle en vigueur dans la version en langue française du TUE. Le « principe d'attribution » y est au demeurant défini comme suit (TUE, I, art. 5) : « l'Union n'agit que dans les limites des compétences que les États membres lui ont attribuées dans les traités pour atteindre les objectifs que ces traités établissent. Toute compétence non attribuée à l'Union dans les traités appartient aux États membres. »

53. Hans Magnus Enzensberger, *Le doux Monstre de Bruxelles ou L'Europe sous tutelle*, trad. fr. Bernard Lortholary, Paris, Gallimard, 2011.

54. Sur le rôle bienvenu des Parlements nationaux comme gardiens de la subsidiarité, voir Christian Calliess, *Die neue Europäische Union, op. cit.*, p. 182 s.

[N.d.T.] : Rappelons que si « le principe d'attribution régit la délimitation des compétences de l'Union, ceux de subsidiarité et de proportionnalité régissent l'exercice de ces compétences. [...] En vertu du principe de subsidiarité, dans les domaines qui ne relèvent pas de sa compétence exclusive, l'Union intervient seulement si, et dans la mesure où, les objectifs de l'action envisagée ne peuvent pas être atteints de manière suffisante par les États membres, tant au niveau central qu'au niveau régional et local, mais peuvent l'être mieux, en raison des dimensions ou des effets de l'action envisagée, au niveau de l'Union. [...] En vertu du principe de proportionnalité, le contenu et la forme de l'action de l'Union n'excèdent pas ce qui est nécessaire pour atteindre les objectifs des traités. » (TUE, I, art. 5).

55. [N.d.T.] : Le Conseil européen est constitué des chefs d'État et de gouvernement. Il se réunit, au minimum, quatre fois par an (fin mars, fin juin, fin octobre et mi-décembre) pour débattre des priorités politiques de l'Union. Son président est, depuis le 1er janvier 2010, une personnalité n'exerçant pas de mandat national, élue par le Conseil européen à la majorité qualifiée pour un mandat de deux ans et demi, renouvelable — actuellement, Herman Van Rompuy.

Le Conseil de l'Union européenne — aussi appelé officieusement Conseil des ministres ou tout simplement Conseil — est une des instances majeures de l'Union, qui réunit les ministres des gouvernements de chaque État membre pour adopter des actes législatifs et coordonner les politiques économique, budgétaire, étrangère et de sécurité. Il est présidé, sauf pour le Conseil des affaires étrangères qui dispose d'un haut représentant permanent (élu par le Conseil européen), par le chef du gouvernement qui exerce la présidence tournante de l'Union (de six mois en six mois), et se réunit à tout moment, sur convocation de celui-ci ou d'un membre de la Commission.

Ces deux organes ne doivent pas être confondus avec le Conseil de l'Europe, qui est une organisation internationale tout à fait distincte de l'Union européenne.

56. Voir, à ce propos, Jürgen Bast, « Europäische Gesetzgebung : Fünf Stationen in der Verfassungsentwicklung der EU », in *Strukturfra-*

gen der Europäischen Union, sous la dir. de Claudio Franzius, Franz C. Mayer et Jürgen Neyer, *op. cit.*, p. 173-180.

57. Voir sur ce point l'étude pénétrante d'Armin von Bogdandy, « Democratic legitimacy of public authority beyond the state — Lessons from the EU for international organizations », « papier de travail » (avril 2011), version en ligne disponible à l'adresse : http://papers.ssrn.com/sol3/papers.cfm?abstract_id=1826326 (début janvier 2012).

58. Bernard Baylin, *The Debate on the Constitution : Federalist and Antifederalist Speeches, Articles, and Letters During the Struggle over Ratification, September 1787-August 1788*, 2 vol., New York, Library of America, 1993.

59. Sur la fragmentation, en fonction des contextes nationaux, des discussions qui se mènent parmi les intellectuels européens, voir *European Stories. Intellectual Debates on Europe in National Contexts*, sous la dir. de Justine Lacroix et Kalypso Nicolaidis, Oxford, Oxford University Press, 2010.

60. Richard Münch (*Die Konstruktion der Europäischen Gesellschaft. Zur Dialektik von transnationaler Integration und nationaler Desintegration*, Francfort-sur-le-Main, Campus, 2008) nous livre un bon panorama des débats sur l'Europe, en Grande-Bretagne, en France et Allemagne (p. 186-340).

61. Armin von Bogdandy, formulation orale.

62. Carl Schmitt voit, lui aussi, dans l'État fédéral homogénéisé (*Théorie de la Constitution*, *op. cit.*, p. 522), la « résolution des antinomies de la fédération ».

63. Bernard Baylin, *The Debate on the Constitution*, *op. cit.*, tome II, *January to August 1788*, p. 26-32.

64. Robert Schütze, « On "federal" ground : The European Union as an (inter)national phenomenon », *Common Market Law Review*, vol. 46, n° 4, 2009, p. 1069-1105.

65. Stefan Oeter, « Föderalismus und Demokratie », *op. cit.* ; voir également les critiques que, dans son article « Lisbon in Karlsruhe Maastricht's epigones at sea » (*op. cit.*), Christoph Schönberger adresse au Tribunal constitutionnel fédéral de Karlsruhe, dont il dénonce le recours à des prémisses invoquant un État fédéral harmonisé.

66. Christoph Schönberger, « Die Europäische Union als Bund », *Archiv des öffentlichen Rechts*, vol. 129, n° 1, 2004, p. 81-120.

67. « Inspirée par la volonté des citoyens et des États d'Europe de bâtir leur avenir commun, la présente Constitution établit l'Union européenne, à laquelle les États membres attribuent des compétences pour atteindre leurs objectifs communs. »

68. Christian Calliess, *Die neue Europäische Union nach dem Vertrag von Lissabon, op. cit.*, p. 71.

69. Je remercie Peter Niesen pour cette remarque importante.

70. Armin von Bogdandy, « Grundprinzipien », *op. cit.*, p. 64. Dans ce contexte, la référence à Kant peut se révéler intéressante, voir à ce propos le commentaire de *Vers la paix perpétuelle* par Oliver Eberl et Peter Niesen (Berlin, Suhrkamp, 2011, p. 166) : « Kant parle, à vrai dire, de la liberté des peuples, non de celle des États [...]. Cela indique qu'il s'agit pour Kant [...] d'une liberté des peuples assurée par le droit étatique (*staatsrechtliche Freiheit der Völker*) et non d'une liberté des États assurée par le droit international (*völkerrechtliche Freiheit der Staaten*). »

71. [N.d.T.] : Voir, par exemple, d'Anne Peters, *Elemente einer Theorie der Verfassung Europas*, Berlin, Duncker & Humblot, 2001.

72. Claudio Franzius écrit à ce propos : « C'est sur les citoyens, en tant que citoyens d'un État et en tant que citoyens de l'Union, que repose le processus de constitutionnalisation. » (*Europäisches Verfassungsrechtsdenken, op. cit.*, p. 57).

[N.d.T.] : *Pouvoir constituant mixte* : en français dans le texte.

73. Ingolf Pernice va en ce sens lorsqu'il soutient la conception selon laquelle les droits souverains seraient transmis à l'Union « originairement, par l'ensemble des citoyens des États membres. » (« Verfassungsverbund », *op. cit.*, p. 106). Il s'ensuivrait que « la citoyenneté de l'Union [serait] le statut politique commun, référé à l'Union et à sa légitimation, que s'octroieraient, à travers la Constitution de l'Union européenne, les citoyens des États membres en tant qu'ils sont citoyens d'un État. » (*ibid.*, p. 108)

74. Armin von Bogdandy, « Grundprinzipien », *op. cit.*, p. 64 (la parenthèse est de moi. JH).

75. Même lorsque, aux États-Unis, il s'est encore trouvé en 1995 des juges de la Cour suprême pour estimer devoir interpréter le sujet de l'art. 1 al. 1 de la Constitution américaine, « We the people » (bien qu'au singulier), comme l'ensemble des « peuples » fédérés et non du peuple fédéral, il apparut que cette surprenante conclusion plaidait certes en faveur de loyautés anciennes, mais non contre la nécessité conceptuelle de distinguer, d'une part, les différents niveaux auxquels une entité commune politique se constitue et, d'autre part, les différents niveaux qui, le cas échéant, se constituent en elle ; voir, sur cette question, Christoph Schönberger, « Die Europäische Union als Bund », *op. cit.*, p. 81 s.

76. Cela vaut aussi pour la Constitution fédérale suisse de 1999 (art. 192-194), quand bien même (voir le préambule et l'art. 1 al. 1) la Con-

fédération suisse est fondée sur « le peuple et les cantons suisses ». L'organe de la fédération jouit d'ailleurs de prérogatives (art. 184-186) caractéristiques de la compétence de la compétence propre aux États fédéraux. [N.d.T.] : Sur « la compétence de la compétence », voir ci-dessus note 44 p. 203.

77. Pour couper court à toute comparaison trompeuse entre les développements constitutionnels européen et américain, il faut bien noter que (à la différence des traités européens) la Constitution américaine pose, en apportant cette précision, les jalons de son développement, qui va conduire progressivement les États-Unis à adopter la forme et la structure d'un État fédéral.

78. Claudio Franzius, *Europäisches Verfassungsrechtsdenken, op. cit.*, p. 134 ; voir aussi Christoph Schönberger, « Die Europäische Union als Bund », *op. cit.*, p. 103.

79. [N.d.T.] : C'est à vrai dire de la Constitution, qui articule le pouvoir étatique, que Hegel dit qu'elle est une « "justice existante" en tant qu'elle rend effective la liberté dans le développement de toutes ses déterminations raisonnables » (*Enzyklopädie der philosophischen Wissenschaften im Grundrisse*, § 539).

80. C'est naturellement une question politique et, d'un point de vue historique, ce qui est obtenu, pour un système de référence identitaire et pour une définition constitutionnelle donnés, c'est toujours le résultat contingent de luttes sociales et politiques ; voir Christoph Möllers, « Demokratische Ebenengliederung », in *Öffentliches Recht im offenen Staat. Festschrift für Rainer Wahl*, sous la dir. d'Ivo Appel, Georg Hermes et Christoph Schönberger, Berlin, Duncker & Humblot, 2011, p. 759-778.

81. [N.d.T.] : Jürgen Habermas utilise l'expression *Ausfallbürgschaft*, empruntée au langage financier, qui désigne, en matière de crédit, le cautionnement d'un organisme institutionnel lorsqu'existe un risque de défaillance ou de non-exécution de la part d'un débiteur. Strictement, elle signifie « cautionnement (en cas) de défaillance » ; nous proposons une expression française équivalente, en usage dans le même domaine technique.

82. Voir, sur ce point, l'étude qu'ont menée Claudio Franzius et Ulrich K. Preuß pour la Fondation Henrich-Böll : « Solidarität und Selbstbehauptung : Die Zukunft der EU im 21. Jahrhundert » (2011), non encore publiée ; [N.d.T.] : Un récapitulatif, en revanche, tenant compte des discussions en colloque et en commissions, a été intégré au dossier publié par la Fondation dans la collection « Schriften zu Europa », tome V (*Solidarität und Stärke. Zur Zukunft der Europäischen*

Union, sous la dir. de Ralf Fücks et Christine Pütz, Berlin, 2011) : Claudio Franzius et Ulrich K. Preuß, « Für ein demokratisches Europa. Zur Zukunft der europäischen Demokratie », p. 167-197. L'ensemble du dossier est disponible en ligne à l'adresse suivante : http://www.boell.de/downloads/Solidaritaet-und-Staerke-Zur-Zukunft-der-Europaeischen-Union.pdf (janvier 2012).

83. Christian Calliess, *Die neue Europäische Union nach dem Vertrag von Lissabon*, *op. cit.*, p. 118-128.

84. Claudio Franzius, *Europäisches Verfassungsrechtsdenken*, *op. cit.*, p. 58 ; également, Armin von Bogdandy, « Grundprinzipien », *op. cit.*, p. 44.

85. Voir à propos du constructivisme social en politique internationale, Bernhard Zangl et Michael Zürn, *Frieden und Krieg. Sicherheit in der nationalen und postnationalen Konstellation*, Francfort-sur-le-Main, Suhrkamp, 2003, p. 118-148.

86. Richard Münch ouvre, à cet égard, une intéressante perspective de recherche dans *Die Konstruktion der Europäischen Gesellschaft*, *op. cit.*, p. 68 s.

87. Jürgen Habermas, « Européens, encore un effort... », *Sur l'Europe*, trad. fr. Christian Bouchindhomme et Alexandre Dupeyrix, Paris, Bayard, 2006, p. 15-46.

88. Christoph Möllers, « Demokratische Ebenengliederung », *op. cit.*, p. 775 s.

89. Klaus Eder, « Europäische Öffentlichkeit und multiple Identitäten — das Ende des Volksbegriffs ? », dans Claudio Franzius et Ulrich K. Preuß, *Europäische Öffentlichkeit*, Baden-Baden, Nomos, 2004, p. 61-80.

90. [N.d.T.] : « Légitimité liée au rendement »/« légitimité liée aux moyens », nous traduisons ainsi l'opposition, empruntée au droit anglo-saxon des contrats, *output legitimacy/input legitimacy*, qui a beaucoup été utilisée à propos de l'Union européenne, notamment lors des débats relatifs au projet de traité visant à établir une constitution pour l'Europe. Koen Lenaerts, professeur de droit européen à l'Université catholique de Louvain et juge à la Cour européenne de justice, les définissait ainsi en 2004 : « *Output legitimacy* is satisfied when the Union delivers what people expect from it, without interfering with tasks that people do not expect Europe to deal with, even if it could be efficient to do so. *Input legitimacy* is satisfied by means of the democratic principles of representation and accountability. » (« La *légitimité liée au rendement* est satisfaite si l'Union apporte au peuple ce qu'il attend d'elle — et si, ce faisant, elle ne se mêle pas de tâches qui, aux yeux du peuple,

ne lui reviennent pas, même si leur efficacité est établie. La *légitimité liée aux moyens* est satisfaite si les principes démocratiques de représentation et de responsabilité sont applicables. »), « The merits and shortcomings of the Draft Constitution for Europe : a first appraisal », en ligne en janvier 2012 sur le site du CCLE : http://www.law.kuleuven.be/ccle/pub_EU_draft_constitution_(K._Lenaerts).php

91. Fritz W. Scharpf, *Regieren in Europa : Effektiv und demokratisch ?*, Francfort-sur-le-Main, Campus, 1999.

92. Sur les possibilités juridiques de différenciation interne à l'Europe, voir Daniel Thym, « Variable Geometrie in der Europäischen Union : Kontrollierte Binnendifferenzierung und Schutz vor unionsexterner Gefährdung », in *60 Jahre Integration in Europa. Variable Geometrien und politische Verflechtung jenseits der EU*, sous la dir. de Stefan Kadelbach, Baden-Baden, Nomos, 2011, p. 117-135.

93. Martin Winter, « Reform der Reform », *Süddeutsche Zeitung* (18 août 2011), p. 4 ; voir aussi le plaidoyer énergique en faveur d'une révision du traité sous la plume de Catherine Hoffmann, « Klub der Illusionisten. Ohne gemeinsame Finanzpolitik ist die Krise in Europa nicht zu lösen », *Süddeutsche Zeitung* (3-4 septembre 2011), p. 23. [N.d.T.] : Avec plus de frilosité, un phénomène analogue s'est produit dans la presse française, qui a surtout ouvert ses tribunes aux avocats de cette idée ; citons néanmoins l'éditorial très explicite du *Monde* du 13 août 2011 : « Sarkozy-Merkel, ou le directoire autoproclamé ».

94. Sur la politisation en souffrance, voir Pieter de Wilde et Michael Zürn, « Somewhere along the line : Can the politicization of European integration be reversed ? », à paraître dans le *Journal of Common Market Studies*.

95. Dans un article intitulé « Die nächste Stufe der Krise », Jens Beckert et Wolfgang Streeck discutent des coûts auxquels il faut s'attendre pour chacune des quatre stratégies qui pourraient permettre de surmonter la crise de la dette publique, et qui demeurent envisageables : (1) réduction des dépenses publiques, (2) hausse des impôts, (3) instauration d'un service public de remboursement de la dette et négociation de son allégement avec les créanciers, (4) politique d'inflation (*Frankfurter Allgemeine Zeitung*, 20 août 2011, p. 29).

96. Michael Zürn, « Global governance as multi-level governance », in *Handbook on Multi-Level Governance*, sous la dir. d'Henrik Enderlein, Sonja Wälti et Michael Zürn, Cheltenham, Edward Elgar, 2010, p. 80-99.

97. Jürgen Habermas, « Konstitutionalisierung des Völkerrechts und die Legitimationsprobleme einer verfaßten Weltgesellschaft » (2008),

in *Philosophische Texte*, Francfort-sur-le-Main, Suhrkamp, 2009, t. IV, *Politische Theorie*, p. 402-424.

98. Dans le prolongement de la conception unitaire du droit international développée par Kelsen, je pars de l'hypothèse d'un ordre juridique mondial auquel je suppose une unité — en soi, naturellement, complexe. J'entends, par conséquent, par « souveraineté » une compétence transmise par la communauté internationale à l'État et qu'il est du devoir de ce dernier d'exercer : l'État garantit sur son territoire les droits de l'homme. C'est en ce sens également que le concept de souveraineté est utilisé dans la Déclaration du Millénaire adoptée par l'Assemblée générale des Nations unies (résolution 55/2 du 13 septembre 2000).

99. Daniele Archibugi et David Held (dir.), *Cosmopolitan Democracy. An Agenda for a New World Order*, Cambridge, Polity Press, 1995 ; David Held, *Un nouveau contrat mondial. Pour une gouvernance social-démocrate*, trad. fr. Rachel Bouyssou, Paris, Presses de la Fondation des Sciences politiques, 2005 ; Daniele Archibugi, *The Global Commonwealth of Citizens. Toward Cosmopolitan Democracy*, Princeton et Oxford, Princeton University Press, 2008 ; Daniele Archibugi, *La Démocratie cosmopolitique. Sur la voie d'une démocratie mondiale*, trad. fr. Louis Lourme, Paris, Éditions du Cerf, 2009 ; Garrett Wallace Brown et David Held (dir.), *The Cosmopolitan Reader*, Cambridge, Polity, 2010.

100. Armin von Bogdandy et Ingo Venzke, « In whose name ? An investigation of international courts' public authority and its democratic justification », à paraître dans *European Journal of International Law*, vol. 23, n° 1, 2012 ; disponible en ligne sur le site du *Social Science Research Network* (janvier 2012) : http://papers.ssrn.com/ sol3/papers.cfm ?abstrac_id=1593543

101. Patrizia Nanz et Jens Steffek, « Zivilgesellschaftliche Partizipation und die Demokratisierung internationalen Regierens », *in* Peter Niesen et Benjamin Herborth, *Anarchie der kommunikativen Freiheit*, *op. cit.*, p. 87-110. Il ressort de l'analyse secondaire à laquelle procède Michael Zürn une image un peu plus réconfortante, « Vier Modelle einer globalen Ordnung in kosmopolitischer Absicht », *Politische Vierteljahresschrift*, n° 1, 2011, p. 78-118, en particulier, p. 100 s.

102. Jürgen Habermas, *Droit et démocratie. Entre faits et normes*, trad. fr. Rainer Rochlitz et Christian Bouchindhomme, Paris, Gallimard, coll. NRF Essais, 1997, p. 120 s.

103. Voir sur ce point ici-même « La conception de la dignité humaine et l'utopie réaliste des droits de l'homme », p. 158 ; en particulier p. 137 s.

104. Je laisse ici de côté le domaine important des organisations internationales qui coordonnent les activités étatiques pour des questions « techniques » n'ayant, par conséquent, qu'un rôle mineur sur le plan des politiques de répartition.

105. Voir Christoph Möllers, *Die drei Gewalten*, *op. cit.*, p. 155 s.

106. David Held et Ayse Kaya (dir.), *Global Inequality. Patterns and Explanations*, Cambridge, Polity Press, 2007.

107. [N.d.T.] : Notion due à Shmuel N. Eisenstadt ; voir, par exemple, « La modernité multiple comme défi à la sociologie », *Revue du MAUSS*, vol. 2, n° 24, 2004, p. 189-204.

108. Thomas Pogge (dir.), *Global Justice*, Oxford, Blackwell, 2001 ; Amartya Sen, *L'Idée de justice*, trad. fr. Paul Chemla, Paris, Flammarion, 2009.

V

LA CONCEPTION DE LA DIGNITÉ HUMAINE ET L'UTOPIE RÉALISTE DES DROITS DE L'HOMME

1. « *Considérant* que la reconnaissance de la dignité inhérente à tous les membres de la famille humaine et de leurs droits égaux et inaliénables constitue le fondement de la liberté, de la justice et de la paix dans le monde. »

2. [N.d.T.] : Ce cinquième considérant se réfère d'ailleurs à la Charte des Nations unies du 26 juin 1945 (« *Considérant* que dans la Charte les peuples des Nations Unies ont proclamé… »), où sont utilisées, pour la première fois, les mêmes expressions — deuxième alinéa du Préambule : « [Résolus] à proclamer à nouveau notre foi dans les droits fondamentaux de l'homme, dans la dignité et la valeur de la personne humaine, dans l'égalité de droits des hommes et des femmes, ainsi que des nations, grandes et petites ».

3. [N.d.T.] : Trois constitutions régionales (Bavière, Brême et Rhénanie-Palatinat) en appellent à la dignité humaine, *dans leur préambule* ; mais ce sont au total *cinq* des six constitutions antérieures à 1949 qui la convoquent, puisque les constitutions de Hesse (art. 3) et de Sarre (art. 1) la mentionnent aussi expressément dans leur corps. Voir Erhard Denninger, « Der Menschenwürdesatz im Grundgesetz und seine Entwicklung in der Verfassungsrechtsprechung », in *Nachdenken über Eigentum, Festschrift für Alexander von Brünneck*, sous la dir. de Franz-

Joseph Peine et Heinrich A. Wolff, Baden-Baden, Nomos, 2011, p. 398-399.

4. Erhard Denninger, « Der Menschenwürdesatz im Grundgesetz... », *op. cit.*, p. 397-411.

5. « Chacun a droit à la vie et à l'intégrité physique. »

6. Décision du Tribunal constitutionnel fédéral du 15 février 2006, *BVerfG, 1 BvR 357/05*, Abs. 124 ; voir à propos de cette décision Jochen von Bernstorff, « Pflichtenkollision und Menschenwürdegarantie. Zum Vorrang staatlicher Achtungspflichten im Normbereich von Art. 1 GG », *Der Staat*, n° 1, 47e année, 2008, p. 21-40.

7. Voir Christopher McCrudden, « Human dignity and judicial interpretation of human rights », *The European Journal of International Law*, vol. 19, n° 4, 2008, p. 655-724.

8. Erhard Denninger, « Der Menschenwürdesatz im Grundgesetz... », *op. cit.*, p. 397.

9. « L'intangibilité de la dignité de l'homme est source de tous les droits fondamentaux », lit-on, par exemple, dans l'art. 14, sect. 2 de la Constitution de l'État libre de Saxe, adoptée le 6 juin 1992.

10. [N.d.T.] : Un « consensus "par recoupement" » résulte, entre deux positions très expressément distinctes, de la reconnaissance mutuelle d'éléments partagés qui permettent de préserver le dialogue, la concertation ou même simplement la négociation, sans occulter les divergences, et éventuellement de créer un cadre minimal d'entente. C'est un concept qui est dû à John Rawls, qui le formule dès sa *Théorie de la justice* (§ 59), mais l'élabore et le renforce au cours des années quatre-vingt et quatre-vingt-dix.

11. Christopher McCrudden, « Human dignity and judicial interpretation... », *op. cit.*, p. 678.

12. Décision du Tribunal constitutionnel : *BVerfG, 1 BvL 1/09 vom 9. Februar 2010.*

[N.d.T.] : Entre 2003 et 2005, le gouvernement de Gerhard Schröder a adopté un ensemble de réformes, inspirées par Peter Hartz (alors directeur du personnel de Volkswagen) — d'où l'appellation « lois Hartz » —, destinées à « moderniser » le marché du travail. Ces réformes impliquaient (« loi Hartz IV ») que les indemnités versées aux chômeurs de longue durée fussent réduites lorsque ceux-ci refusaient un emploi, même en sous-qualification, et, le cas échéant, à des salaires inférieurs à toutes les conventions collectives, pouvant être ramenés à 1€ de l'heure. En outre, les allocations-chômage proportionnelles au salaire (de niveau 1 *[Arbeitslosengeld I]*) étaient ramenées de 32 à

12 mois ; les allocations ultérieures (de niveau 2 *[Arbeitslosengeld II]*) étant désormais plafonnées, pour une personne seule, à 345 € mensuels (364 € en 2009) — 655 € (2009) pour un couple de chômeurs majeurs, 930 € pour un couple et un enfant de moins 14 ans, etc. (à comparer avec le RSA français [2011] : personne seule, 466,99 € ; personne seule avec un enfant, 700,49 € ; couple, 700,49 € ; couple avec un enfant, 840,59 €, etc.).

La décision du Tribunal constitutionnel du 9 février 2010 est la suivante :

« Le premier Sénat du Tribunal constitutionnel fédéral a décidé que les dispositions du Livre II du Code de la Sécurité sociale (voir note ci-dessous), concernant les prestations normales pour les adultes et les enfants ne respectaient pas l'exigence constitutionnelle découlant de l'art. 1.1 ("La dignité humaine est intangible"), en conjonction avec le principe de l'État social stipulé par l'article 20.1 ("La République fédérale d'Allemagne est un État fédéral démocratique et social") de la Loi fondamentale, qui requiert que soit garanti un minimum vital respectueux de la dignité de l'homme. »

13. [N.d.T.] : L'ensemble de la législation sociale allemande est réunie dans un seul code (*Sozialgesetzbuch — SGB*), divisé en douze livres (*SGB I, SGB II*, etc.). Le Livre II est consacré à la protection sociale des demandeurs d'emploi. Y est intégré l'ensemble de la réforme du marché du travail évoquée ci-dessus, connue sous le nom de « lois Hartz », et notamment la « loi Hartz IV », partiellement censurée par la décision du Tribunal constitutionnel du 9 février 2010.

14. *BVerfG, 1 BvL 1/09*, alinéa 135.

15. Dans la Déclaration concernant les buts et les objectifs de l'OIT, adoptée à Philadelphie le 10 mai 1944 (aujourd'hui en annexe de la Constitution de l'OIT), on lit, article 22 : « Tous les êtres humains, quels que soient leur race, leur croyance ou leur sexe, ont le droit de poursuivre leur progrès matériel et leur développement spirituel dans la liberté et la dignité, dans la sécurité économique et avec des chances égales. »

16. Article 22 de la DUDH, dans son intégralité : « Toute personne, en tant que membre de la société, a droit à la sécurité sociale ; elle est fondée à obtenir la satisfaction des droits économiques, sociaux et culturels indispensables à sa dignité et au libre développement de sa personnalité, grâce à l'effort national et à la coopération internationale, compte tenu de l'organisation et des ressources de chaque pays. »

17. Georg Lohmann, « Die Menschenrechte : Unteilbar und gleichgewichtig ? — Eine Skizze », une étude commentée par Stefan Gose-

path, Arnd Pollmann, Claudia Mahler, Norman Weiß dans *Studien zu Grund- und Menschenrechten*, n° 11, Potsdam Universitätsverlag, Potsdam, 2005, p. 5-20.

18. [N.d.T.] : *« Equal worth »*. Cette idée, déjà présente dans *Théorie de la justice* (par exemple § 33), est en particulier reprise dans *Libéralisme politique* (voir la dernière conférence, « Les libertés de base et leur priorité »).

19. La discussion autour de ce que l'on appelle l'« effet horizontal » (impliquant des tiers) — la « *Drittwirkung* »* —, et qui date en Europe d'un demi-siècle, trouve aussi, depuis peu, un écho aux États-Unis ; voir Stephen Gardbaum, « The "horizontal effect" of constitutional rights », *Michigan Law Review*, vol. 102, 2003, p. 388-459.

*[N.d.T.] : Assez peu soulevée en France, en droit constitutionnel interne, la question sur l'« effet horizontal » des droits fondamentaux est toutefois, de manière occasionnelle mais régulière, évoquée. D'origine allemande, la doctrine de la « *Drittwirkung* » implique que les droits fondamentaux ne s'appliquent pas seulement dans la verticalité — dans la relation des États aux individus — mais également dans l'horizontalité — les relations entre individus, créant donc des obligations directes à la charge des personnes privées, mais, le cas échéant, également des obligations indirectes incombant aux États, censés veiller au respect des obligations directes horizontales. Il en a été admis le principe pour la Convention européenne de sauvegarde des droits de l'homme et des libertés fondamentales (CESDH, signée par les États membres du Conseil de l'Europe), mais celui-ci n'a pas été retenu pour l'instant (et ne semble pas devoir l'être) dans la pratique de la Cour européenne des droits de l'homme (CEDH de Strasbourg, dépendant elle aussi du Conseil de l'Europe).

20. Georg Lohmann, « Menschenrechte zwischen Moral und Recht », in *Philosophie der Menschenrechte*, sous la dir. de Stefan Gosepath et Georg Lohmann, Francfort-sur-le-Main, Suhrkamp 1998, p. 62-95.

21. Je ne crois pas que les analyses qui précèdent m'obligent à reprendre l'introduction du système des droits que j'avais initialement proposée (dans *Droit et Démocratie. Entre faits et normes* [1992], trad. fr. Rainer Rochlitz et Christian Bouchindhomme, Paris, Gallimard, coll. NRF Essais, 1997, chap. III ; ou dans « L'État de droit démocratique : la réunion paradoxale de principes contradictoires ? », in *Une époque de transitions*, trad. fr. Christian Bouchindhomme, Paris, Fayard, 2005, p. 167-194). Les droits de l'homme se distinguent des droits moraux, entre autres, par le fait que, destinés à l'institutionnalisation, ils doivent

donc être produits ; ils ont donc besoin que se forme à leur propos une volonté démocratique commune, alors que les acteurs moraux peuvent se considérer d'emblée comme des sujets qui sont dès le départ insérés dans un réseau d'obligations et de droits moraux ; voir Jeffrey Flynn, « Habermas on human rights : Law, morality, and intercultural dialogue », *Social Theory and Praxis*, vol. 29, n° 3, 2003, p. 431-457. Il est vrai qu'à l'époque je n'avais pas pris en considération deux choses : d'un côté, le fait que les expériences cumulées de la dignité blessée constituent une source de motivation morale pour la pratique constituante sans précédent qui se met en place au XVIIIe siècle ; de l'autre, le fait que la reconnaissance sociale de la dignité d'autrui constitue, en tant qu'elle est productrice de statuts, une passerelle conceptuelle entre le contenu moral de l'égal respect dû à chacun et la forme juridique des droits de l'homme. À ce stade, je laisse ouverte la question de savoir si le glissement de l'intérêt vers ces états de choses entraîne, pour ma compréhension déflationniste du rôle joué par le principe de discussion « D » dans la fondation en raison des droits fondamentaux, d'autres conséquences ; voir à ce propos mes réponses aux objections de Karl-Otto Apel dans « Zur Architektonik der Diskursdifferenzierung. Kleine Replik auf eine große Auseinandersetzung » (2005), in *Philosophische Texte*, Francfort-sur-le-Main, Suhrkamp, 2009, t. III, *Diskursethik*, p. 435-459.

22. Sur l'émergence du concept juridique de dignité humaine à partir de la généralisation de la dignité de statut, voir Jeremy Waldron, « Dignity and rank », *Archives européennes de sociologie*, vol. 48, n° 2, 2007, p. 201-237.

23. Georg Lohmann écrit à ce propos : « Un droit moral est tenu pour fondé s'il existe une obligation correspondante qui s'impose moralement et qui est tenue de son côté pour fondée [...], un droit légal est tenu pour fondé lorsqu'il est partie intégrante d'un ordre juridique positif qui, en tant que tout de la légitimité, peut l'exiger. » (« Menschenrechte zwischen Moral und Recht », *op. cit.*, p. 66).

24. Il semble que Georg Lohmann (*op. cit.*, p. 87) se méprenne sur ce passage en en faisant le passage d'une morale traditionnelle à une morale fondée sur la raison (*Aufklärungsmoral*).

25. Klaus Günther, « Menschenrechte zwischen Staaten und Dritten. Vom vertikalen zum horizontalen Verständnis der Menschenrechte », in *Was bleibt vom Staat ? Demokratie, Recht und Verfassung im globalen Zeitalter*, sous la dir. de Nicole Deitelhoff et Jens Steffek, Francfort-sur-le-Main, Campus, 2009, p. 259-280, p. 275 s.

26. C'est pourquoi les droits de l'homme n'entrent pas en contradic-

tion avec la démocratie, mais lui sont bien plutôt co-originaires. Ils entretiennent avec elle une relation de présupposition réciproque : les droits de l'homme rendent possible le processus démocratique sans lequel ils ne pourraient pas devenir positifs ni acquérir — dans le cadre de l'État constitutionnel institué sur la base de droits fondamentaux — une dimension concrète. Sur la manière dont on peut l'établir à partir de la théorie de la discussion, voir Klaus Günther, « Liberale und diskurstheoretische Deutungen der Menschenrechte », in *Rechtsphilosophie im 21. Jahrhundert,* sous la dir. de Winfried Brugger, Ulfrid Neumann et Stephan Kirste, Francfort-sur-le-Main, Suhrkamp, 2008, p. 338-359.

27. Concernant l'arrière-plan théologique, voir l'étude en histoire des idées de Tine Stein : *Himmlische Quellen und irdisches Recht. Religiöse Voraussetzungen des freiheitlichen Verfassungsstaates,* Francfort-sur-le-Main, Campus, 2007, en particulier le chapitre VII ; voir aussi Wolfgang Huber, *Gerechtigkeit und Recht. Grundlinien christlicher Rechtsethik,* Gütersloh, Chr. Kaiser 1996, p. 222-286.

28. Ernst-Wolfgang Böckenförde, *Geschichte der Rechts- und Staatsphilosophie,* Tübingen, Mohr Siebeck, 2002, p. 312-370.

29. Emmanuel Kant, *Fondements de la métaphysique des mœurs,* trad. fr. Victor Delbos, *Pl* II, p. 300 ; *AkA* IV, p. 433.

30. *Ibid.*, *Pl* II, p. 303 ; *AkA* IV, p. 436.

[N.d.T.] : À noter que « principe », dans la traduction admise de la formule kantienne, rend *Grund* et doit donc être compris dans son sens de cause première, de fondement originaire.

31. « Dans le règne des fins tout a un prix ou une dignité. Ce qui a un prix peut être aussi bien remplacé par quelque chose d'autre, à titre d'équivalent ; ce qui, par contre, excède tout prix et par suite n'admet pas d'équivalent, c'est ce qui a une dignité. » (*Pl* II, 301 ; *AkA* III, 434)

32. [N.d.T.] : Il s'agit précisément de la liberté (*Métaphysique des mœurs. I. Doctrine du droit,* « Division générale du droit », trad. fr. Joëlle et Olivier Masson, *Pl* III, 487 s ; *AkA* VI, 237 s.). Peut-être n'est-il pas inutile de rappeler le texte kantien, qui permettra de mieux saisir l'analyse de Jürgen Habermas.

« [La division générale du droit se présente de la manière suivante ; il y a :] 1° Le droit, en tant que doctrine systématique, qui se divise en *droit naturel,* lequel repose exclusivement sur des principes a priori, et en droit positif (statutaire), lequel émane de la volonté d'un législateur ; 2° Le droit, comme pouvoir (moral) d'obliger les autres, [...] d'où procède la division maîtresse en *droit inné* et *droit acquis,* le premier étant ce droit qui, indépendamment de tout acte juridique, revient à chacun de par la nature, le second, celui pour lequel un tel acte est requis. [...] [*Il n'y a qu'un seul droit inné*] La liberté (indépendance par rapport à un autre arbitre contraignant), dans la mesure où elle peut coexister avec la liberté de tout autre suivant une loi universelle, est ce droit originaire unique qui appartient à tout homme en vertu de son humanité... »

33. [N.d.T.] : Jürgen Habermas recourt ici à une expression suggestive mais très peu usitée : « einführen... "im unmittelbaren Durchgriff" auf... ». *Durchgriff* renvoie à *durchgreifen* qui signifie « passer outre un obstacle, un écran pour saisir, attraper ce qui est au-delà », mais le mot *Durchgriff* est rare et souvent technique (électricité, semi-conducteurs, etc.). Il est toutefois aussi employé dans le domaine juridique pour caractériser un type de poursuite ou de plainte spécifique à l'encontre des personnes juridiques morales : les personnes juridiques physiques qui composent une personne juridique morale (une société *anonyme*, par exemple) sont tenues pour distinctes de la personne morale et ne répondent que de manière limitée des actes commis en son nom (principe de séparation), mais on peut, dans certains cas, se prévaloir du « principe de transparence » et poursuivre les personnes physiques *im Durchgriff*. On dit alors, en français, qu'on « lève le voile », d'où notre traduction. En recourant à cette expression, Habermas suggère une analogie de rapport entre, d'une part, la personne juridique morale et les personnes juridiques physiques, et, de l'autre, la liberté dans le « règne des fins » et ce droit de l'homme qu'est la liberté, dans l'espace et le temps.

34. Emmanuel Kant, *Métaphysique des mœurs*, *Pl* III, p. 487 ; *AkA* VI, p. 237.

35. Strictement, à partir des prémisses de la théorie proprement kantienne, une telle « médiation » entre le règne transcendantal de la liberté et le règne phénoménal de la nécessité n'est ni nécessaire, ni possible. Mais dès l'instant où l'on détranscendantalise ce qui caractérise la volonté libre (comme dans la *Théorie de l'agir communicationnel*), il faut instaurer une passerelle entre morale et droit. C'est précisément ce que fournit le concept de dignité humaine dépendant d'un statut.

36. Voir Axel Honneth, *La Lutte pour la reconnaissance*, trad. fr. Pierre Rusch, Paris, Éditions du Cerf, 2000.

37. [N.d.T.] : Les « niveleurs » (*levellers*), dont la mémoire est trop peu évoquée dans la « patrie des droits de l'homme », furent ainsi dénommés par leurs adversaires parce qu'ils plaidaient pour une république dont le peuple serait composé de *tous* les citoyens adultes. Acteurs majeurs des Guerres civiles britanniques (1642-1646 ; 1648-

1649 ; 1649-1651), souvent d'origine baptiste (secte congrégationaliste, d'origine anglicane, qui se rapprocha d'un certain calvinisme des origines), ils eurent pour chefs de file Richard Overton, William Walwyn, et surtout John Wildman et John Lilburne (les inspirateurs de l'*Accord du peuple* [*Agreement of the People*], première proposition de constitution démocratique moderne et radicale, et les organisateurs du mouvement). Leur influence sur les Pères fondateurs de la démocratie américaine n'est pas négligeable.

38. Albrecht Wellmer, « Menschenrechte und Demokratie », in *Philosophie der Menschenrechte*, sous la dir. de Stefan Gosepath et Georg Lohmann, Francfort-sur-le-Main, Suhrkamp, 1998, p. 265-291 ; pour une analyse subtile des implications qu'entraîne, pour les « étrangers », la non-superposition des droits de l'homme et des droits du citoyen dans un État de droit démocratique, voir Erhard Denninger, « "Die Rechte der Anderen". Menschenrechte und Bürgerrechte im Widerstreit », *Kritische Justiz*, n° 3, 2009, p. 226-238.

39. Voir sur ce point mes articles : « Zur Legitimation durch Menschenrechte » (1998), « Hat die Konstitutionalisierung des Völkerrechts noch eine Chance ? » (2004) et « Konstitutionalisierung des Völkerrechts und die Legitimationsprobleme einer verfaßten Weltgesellschaft » (2008), in *Philosophische Texte*, Francfort-sur-le-Main, Suhrkamp, 2009, t. IV, *Politische Theorie*, p. 298-312, p. 313-401 et p. 402-424.

40. Ernst Bloch, *Droit naturel et dignité humaine* (1961), trad. fr. Denis Authier et Jean Lacoste, Paris, Payot, 1976.

41. Marcelo Neves, « La force symbolique des droits de l'homme », *Droit et Société*, n° 58, 2004, p. 599-632.

Sans compter que la politique « gubernative »* des droits de l'homme qui est aujourd'hui d'usage détruit la cohérence interne qui existe entre les droits de l'homme et la démocratie ; voir à ce propos Klaus Günther, « Menschenrechte zwischen Staaten und Dritten » (*op. cit.*), qu'on pourra mettre en lien avec Ingeborg Maus, « Menschenrechte als Ermächtigungsnormen internationaler Politik oder : der zerstörte Zusammenhang von Menschenrechten und Demokratie », in *Recht auf Menschenrechte*, sous la dir. de Hauke Brunkhorst, Wolfgang R. Köhler et Matthias Lutz-Bachmann, Francfort-sur-le-Main, Suhrkamp, 1999, p. 276-292 ; voir aussi, désormais, dans cette même perspective Klaus Günther, « Von der gubernativen zur deliberativen Menschenrechtspolitik. Die Definition und Fortentwicklung der Menschenrechte als Akt kollektiver Selbstbestimmung », in *Menschenrechte und Volkssouveränität in Europa : Gerichte als Vormund der Demokratie ?*, sous la dir. de

Gret Haller, Klaus Günther et Ulfrid Neumann, Francfort-sur-le-Main, Campus, 2011, p. 45-60.

*[N.d.T.] : *Gubernative*, substantif et adjectif, est un concept récemment introduit dans la science politique de langue allemande pour, dans le cadre global de l'exécutif des démocraties contemporaines, désigner les actions de *pouvoir* des gouvernements (par opposition aux actions administratives). Nous avons conservé ce même terme en français, dans la mesure où il fut déjà utilisé, avec un sens proche, par Benjamin Constant, notamment dans ses *Mémoires*.

42. Carl Schmitt a été le premier à conceptualiser ce soupçon — voir Carl Schmitt, « Le passage au concept de guerre discriminatoire », in *Deux textes de Carl Schmitt*, trad. fr. Robert Kolb, Paris, Éditions A. Pedone, 2009, (également traduit sous le titre « Le tournant vers le concept discriminatoire de la guerre », in *Guerre discriminatoire et logique des grands espaces*, trad. fr. François Poncet, notes et commentaires de Günter Maschke, Paris, Krisis, 2011) ; voir aussi *Das internationalrechtliche Verbrechen des Angriffskrieges und der Grundsatz « Nullum crimen, nulla poena sine lege »* (1945), édité, annoté et postfacé par Helmut Quaritsch, Berlin, Duncker & Humblot, 1994. Schmitt dénonce avant tout les droits de l'homme comme une idéologie visant à discréditer les guerres en tant que moyen légitime de résoudre les conflits internationaux. L'idéal pacifique de la politique de Wilson suffirait à lui seul à obtenir que « la distinction entre guerres justes et injustes » aboutisse à une « distinction toujours plus profonde, plus tranchée et toujours plus totale entre ami et ennemi » (« Le passage... », *op. cit.*, p. 118). Dans l'état de nature qui caractérise les relations internationales, disqualifier moralement l'ennemi ne serait qu'un moyen insidieux de masquer ses propres intérêts, l'agresseur se retranchant derrière la façade apparemment transparente d'une proscription — raisonnable parce qu'humanitaire — de la guerre. La critique schmittienne de la « moralisation » de la guerre au nom des droits de l'homme tombe à vrai dire à plat, faute de porter sur ce qui en est l'élément-clé, à savoir la *translation* des contenus moraux dans le médium du droit contraignant. Dans la mesure où la proscription de la guerre aboutit en effet à la juridicisation des relations internationales, la distinction jusnaturaliste ou religieuse entre guerres « justes » et « injustes » n'a plus lieu d'être ; les seules guerres possibles sont les guerres « légales », prenant la forme de mesures de police ; voir à ce propos Klaus Günther, « Kampf gegen das Böse ? Zehn Thesen wider die ethische Aufrüstung der Kriminalpolitik », *Kritische Justiz*, vol. 27, n° 2, 1994, p. 135-157.

43. Kenneth Baynes, « Toward a political conception of Human Rights », *Philosophy and Social Criticism*, vol. 35, n° 4, 2009, p. 371-390.

44. Kenneth Baynes, « Discourse ethics and the political conception of human rights », *Ethics & Global Politics*, vol. 2, n° 1, 2009, p. 1-21.

45. Voir, pour une critique de cette position minimaliste, l'article de Rainer Forst, « The justification of human rights and the basic right to justification. A reflexive approach », *Ethics*, n° 120, juillet 2010, p. 711-740. On peut y lire ceci :

« Il est en général trompeur de mettre l'accent sur le fait que ces droits auraient, dans le cadre du droit international (ou de la pratique politique) la fonction politico-juridique de fournir des raisons à une politique d'intervention légitime, car c'est mettre la charrue avant les bœufs. Il s'agit, en premier lieu, de construire (ou trouver) un ensemble justifiable de droits de l'homme qu'une autorité politique légitime doit respecter et garantir, et ensuite seulement de se demander quels sont les types de structures juridiques requis au niveau international pour gérer cela et contribuer à s'assurer que l'autorité politique est exercée de cette façon. » (p. 726).

46. Joshua Cohen, « Minimalism about human rights : The most we can hope for ? », *The Journal of Political Philosophy*, vol. 12, n° 2, 2004, p. 190-213.

47. « Les droits, et les devoirs qui leur sont afférents, sont bien plutôt un effet du type particulier de relations qu'entretiennent les individus entre eux qu'ils ne sont des exigences que les individus élèveraient simplement en vertu de leur humanité » (Jeremy Baynes, « Toward a political conception of Human Rights », *op. cit.*, p. 382).

DEUXIÈME PARTIE

SUR LA CONSTITUTION DE L'EUROPE

TROISIÈME PARTIE

L'UTOPIE RÉALISTE DES DROITS DE L'HOMME

APPENDICES

nrf essais

NRF Essais n'est pas une collection au sens où ce mot est communément entendu aujourd'hui ; ce n'est pas l'illustration d'une discipline unique, moins encore le porte-voix d'une école ni celui d'une institution.

NRF Essais est le pari ambitieux d'aider à la défense et restauration d'un genre : l'essai. L'essai est exercice de pensée, quels que soient les domaines du savoir : il est mise à distance des certitudes reçues sans discernement, mise en perspective des objets faussement familiers, mise en relation des modes de pensée d'ailleurs et d'ici. L'essai est une interrogation au sein de laquelle la question, par les déplacements qu'elle opère, importe plus que la réponse.

Éric Vigne

(Les titres précédés d'un astérisque ont originellement paru dans la collection Les Essais.)

Raymond Abellio *Manifeste de la nouvelle Gnose.*

*Theodor W. Adorno *Essai sur Wagner* (*Versuch über Wagner* ; traduit de l'allemand par Hans Hildenbrand et Alex Lindenberg).

Frédérique Aït-Touati *Contes de la Lune. Essai sur la fiction et la science modernes.*

Svetlana Alpers *L'atelier de Rembrandt. La liberté, la peinture et l'argent* (*Rembrandt's Enterprise. The Studio and the Market* ; traduit de l'anglais [États-Unis] par Jean-François Sené).

Svetlana Alpers *La création de Rubens* (*The Making of Rubens* ; traduit de l'anglais [États-Unis] par Jean-François Sené).

Svetlana Alpers *Les vexations de l'art. Velázquez et les autres* (*The Vexations of Art. Velázquez and others*; traduit de l'anglais [États-Unis] par Pierre-Emmanuel Dauzat).

Kwame Anthony Appiah *Le code d'honneur. Comment adviennent les révolutions morales* (*The Honor Code. How Moral Revolutions Happen*; traduit de l'anglais [États-Unis] par Jean-François Sené).

François Azouvi *La gloire de Bergson. Essai sur le magistère philosophique.*

Bronislaw Baczko *Comment sortir de la Terreur. Thermidor et la Révolution.*

Bronislaw Baczko *Job mon ami. Promesses du bonheur et fatalité du mal.*

Alain Bancaud *Une exception ordinaire. La magistrature en France 1930-1950.*

Gilles Barbedette *L'invitation au mensonge. Essai sur le roman.*

Jean-Pierre Baton et Gilles Cohen-Tannoudji *L'horizon des particules. Complexité et élémentarité dans l'univers quantique.*

Pierre Birnbaum *Géographie de l'espoir. L'exil, les Lumières, la désassimilation.*

Michel Blay *Les raisons de l'infini. Du monde clos à l'univers mathématique.*

Luc Boltanski *La condition fœtale. Une sociologie de l'engendrement et de l'avortement.*

Luc Boltanski *De la critique. Précis de sociologie de l'émancipation.*

Luc Boltanski *Énigmes et complots. Une enquête à propos d'enquêtes.*

Luc Boltanski et Ève Chiapello *Le nouvel esprit du capitalisme.*

Luc Boltanski et Laurent Thévenot *De la justification. Les économies de la grandeur.*

Olivier Bomsel *L'économie immatérielle. Industries et marchés d'expériences.*

Jorge Luis Borges *Entretiens sur la poésie et la littérature* suivi de *Quatre essais sur J. L. Borges* (*Borges the Poet*; traduit de l'anglais [États-Unis] par François Hirsch).

Pierre Bouretz *Les promesses du monde. Philosophie de Max Weber.*

Pierre Bouretz *Témoins du futur. Philosophie et messianisme.*

Pierre Bouretz *Qu'appelle-t-on philosopher ?*

Pierre Bouretz *D'un ton guerrier en philosophie. Habermas, Derrida & Co.*

*Michel Butor *Essais sur les Essais.*

Roberto Calasso *Les quarante-neuf degrés* (*I quarantanove gradini*; traduit de l'italien par Jean-Paul Manganaro).

*Albert Camus *Le mythe de Sisyphe. Essai sur l'absurde.*

*Albert Camus *Noces.*

*Albert Camus *L'été.*

Pierre Carrique *Rêve, vérité. Essai sur la philosophie du sommeil et de la veille.*

Barbara Cassin *L'effet sophistique.*

Roger Chartier *Cardenio entre Cervantès et Shakespeare. Histoire d'une pièce perdue.*

*Cioran *La chute dans le temps.*

*Cioran *Le mauvais démiurge.*

*Cioran *De l'inconvénient d'être né.*

*Cioran *Écartèlement.*

*Jean Clair *Considérations sur l'état des beaux-arts. Critique de la modernité.*

Élisabeth Claverie *Les guerres de la Vierge. Une anthropologie des apparitions.*

Jean Clottes (sous la direction de) *La France préhistorique. Un essai d'histoire.*

Pierre Dardot et Christian Laval *Marx, prénom : Karl.*

Robert Darnton *Édition et sédition. L'univers de la littérature clandestine au* XVIIIe *siècle.*

Robert Darnton *Le Diable dans un bénitier. L'art de la calomnie en France, 1650-1800 (Slander. The Art of Libel in Eighteenth-Century France*; traduit de l'anglais [États-Unis] par Jean-François Sené).

Robert Darnton *Apologie du livre. Demain, aujourd'hui, hier* (*The Case for Books. Past, Present, and Future*; traduit de l'anglais [États-Unis] par Jean-François Sené).

Philippe Delmas *Le bel avenir de la guerre.*

Daniel C. Dennett *La stratégie de l'interprète. Le sens commun et l'univers quotidien* (*The Intentional Stance*; traduit de l'anglais [États-Unis] par Pascal Engel).

Vincent Descombes *Le complément de sujet. Enquête sur le fait d'agir de soi-même.*

Jared Diamond *De l'inégalité parmi les sociétés. Essais sur l'homme et l'environnement dans l'histoire* (*Guns, Germs, and Steel. The Fates of Human Societies*; traduit de l'anglais [États-Unis] par Pierre-Emmanuel Dauzat).

Jared Diamond *Le troisième chimpanzé. Essai sur l'évolution et l'avenir de l'animal humain* (*The Third Chimpanzee. The Evolution and Future of the Human Animal*; traduit de l'anglais [États-Unis] par Marcel Blanc).

Jared Diamond *Effondrement. Comment les sociétés décident de leur disparition ou de leur survie* (*Collapse. How Societies Chose to Fail or Succeed*; traduit de l'anglais [États-Unis] par Pierre-Emmanuel Dauzat).

Alain Dieckhoff *L'invention d'une nation. Israël et la modernité politique.*

Michel Dummett *Les sources de la philosophie analytique* (*Ursprünge der analytischen Philosophie*; traduit de l'allemand par Marie-Anne Lescourret).

*Mircea Eliade *Occultisme, sorcellerie et modes culturelles* (*Occultism, Witchcraft and Cultural Fashions*; traduit de l'anglais [États-Unis] par Jean Malaquais).

*Mircea Eliade *Briser le toit de la maison. La créativité et ses symboles* (textes traduits de l'anglais par Denise Paulme-Schaeffner et du roumain par Alain Paruit).

Pascal Engel *La norme du vrai. Philosophie de la logique.*

*Étiemble et Yassu Gauclère *Rimbaud.*

Gérard Farasse *L'âne musicien. Sur Francis Ponge.*

Jean-Marc Ferry *La question de l'État européen.*

Alain Finkielkraut *La mémoire vaine. Du crime contre l'humanité.*

Laurence Fontaine *L'économie morale. Pauvreté, crédit et confiance dans l'Europe préindustrielle.*

Michael Fried *La place du spectateur. Esthétique et origines de la peinture moderne* (*Absorption and Theatricality. Painting and Beholder in the Age of Diderot*; traduit de l'anglais [États-Unis] par Claire Brunet).

Michael Fried *Le réalisme de Courbet. Esthétique et origines de la peinture moderne II* (*Courbet's Realism*; traduit de l'anglais [États-Unis] par Michel Gautier).

Michael Fried *Le modernisme de Manet. Esthétique et origines de la peinture moderne III* (*Manet's Modernism or, The Face of Painting in the 1860s*; traduit de l'anglais [États-Unis] par Claire Brunet).

Michael Fried *Contre la théâtralité. Du minimalisme à la photographie contemporaine* (extrait de *Art and Objecthood*; traduit de l'anglais [États-Unis] par Fabienne Durand-Bogaert).

Jack Goody *Le vol de l'histoire. Comment l'Europe a imposé le récit de son passé au monde* (*The Theft of History*; traduit de l'anglais par Fabienne Durand-Bogaert).

Stephen Jay Gould *La structure de la théorie de l'évolution* (*The Structure of Evolutionary Theory*; traduit de l'anglais [États-Unis] par Marcel Blanc).

Ilan Greilsammer *La nouvelle histoire d'Israël. Essai sur une identité nationale.*

Frédéric Gros *États de violence. Essai sur la fin de la guerre.*

Pierre Guenancia *L'intelligence du sensible. Essai sur le dualisme cartésien.*

Jürgen Habermas *Droit et Démocratie. Entre faits et normes* (*Faktizität und Geltung. Beiträge zur Diskurstheorie des Rechts und des demokratischen Rechtsstaats*; traduit de l'allemand par Rainer Rochlitz et Christian Bouchindhomme).

Jürgen Habermas *Vérité et justification* (*Wahrheit und Rechtfertigung. Philosophische Aufsätze*; traduit de l'allemand par Rainer Rochlitz).

Jürgen Habermas *L'avenir de la nature humaine. Vers un eugénisme libéral?* (*Die Zukunft der menschlichen Natur. Auf dem Weg zu einer liberalen Eugenik?*; traduit de l'allemand par Christian Bouchindhomme).

Jürgen Habermas *Entre naturalisme et religion. Les défis de la démocratie* (*Zwischen Naturalism und Religion. Philosophische Aufsätze*; traduit de l'allemand par Christian Bouchindhomme et Alexandre Dupeyrix).

Jürgen Habermas *La constitution de l'Europe* (*Zur Verfassung Europas. Ein Essay*; traduit de l'allemand par Christian Bouchindhomme).

Pierre Hadot *Le voile d'Isis. Sur l'histoire de l'idée de nature.*

François Hartog *Mémoire d'Ulysse. Récits sur la frontière en Grèce ancienne.*

Stephen Hawking et Roger Penrose *La nature de l'espace et du temps* (*The Nature of Space and Time*; traduit de l'anglais [États-Unis] par Françoise Balibar).

Nathalie Heinich *États de femmes. L'identité féminine dans la fiction occidentale.*

Raul Hilberg *Exécuteurs, victimes, témoins. La catastrophe juive 1933-1945* (*Perpetrators Victims Bystanders. The Jewish Catastrophe 1933-1945*; traduit de l'anglais [États-Unis] par Marie-France de Paloméra).

Raul Hilberg *Holocauste : les sources de l'histoire* (*Sources of Holocaust Research*; traduit de l'anglais [États-Unis] par Marie-France de Paloméra).

Axel Honneth *La réification. Petit traité de Théorie critique* (*Verdinglichung. Eine anerkennungstheorische Studie*; traduit de l'allemand par Stéphane Haber).

Olivier Ihl *Le mérite et la République. Essai sur la société des émules.*

Christian Jouhaud *Les pouvoirs de la littérature. Histoire d'un paradoxe.*

Ian Kershaw *Hitler. Essai sur le charisme en politique* (*Hitler*; traduit de l'anglais par Jacqueline Carnaud et Pierre-Emmanuel Dauzat).

Ben Kiernan *Le génocide au Cambodge 1975-1979. Race, idéologie et pouvoir* (*The Pol Pot Regime. Races, Power, and Genocide in Cambodia under the Khmer Rouge, 1975-79*; traduit de l'anglais [États-Unis] par Marie-France de Paloméra).

*Alexandre Koyré *Introduction à la lecture de Platon* suivi de *Entretiens sur Descartes.*

Julia Kristeva *Le temps sensible. Proust et l'expérience littéraire.*

Thomas Laqueur *La fabrique du sexe. Essai sur le corps et le genre en Occident* (*Making Sex. Body and Gender from the Greeks to Freud*; traduit de l'anglais [États-Unis] par Michel Gautier).

Thomas Laqueur *Le sexe en solitaire. Contribution à l'histoire culturelle de la sexualité* (*Solitary Sex. A cultural history of Masturbation*; traduit de l'anglais [États-Unis] par Pierre-Emmanuel Dauzat).

Christian Laval *L'homme économique. Essai sur les racines du néolibéralisme.*

Hervé Le Bras et Emmanuel Todd *L'invention de la France. Atlas anthropologique et politique.*

J. M. G. Le Clézio *Le rêve mexicain ou la pensée interrompue.*

Jean-Marc Lévy-Leblond *Aux contraires. L'exercice de la pensée et la pratique de la science.*

Jacqueline Lichtenstein *La tache aveugle. Essai sur les relations de la peinture et de la sculpture à l'âge moderne.*

*Gilles Lipovetsky *L'ère du vide. Essais sur l'individualisme contemporain.*

Gilles Lipovetsky *Le crépuscule du devoir. L'éthique indolore des nouveaux temps démocratiques.*

Gilles Lipovetsky *La troisième femme. Permanence et révolution du féminin.*

Gilles Lipovetsky *Le bonheur paradoxal. Essai sur la société d'hyperconsommation.*

Nicole Loraux *Les expériences de Tirésias. Le féminin et l'homme grec.*

Nicole Loraux *La voix endeuillée. Essai sur la tragédie grecque.*

Giovanni Macchia *L'ange de la nuit. Sur Proust* (*L'angelo della notte ; Proust e dintorni* ; traduit de l'italien par Marie-France Merger, Paul Bédarida et Mario Fusco).

Marielle Macé *Façons de lire, manières d'être.*

Roderick MacFarquhar et Michael Schoenhals *La dernière révolution de Mao. Histoire de la Révolution culturelle 1966-1976* (*Mao's Last Revolution* ; traduit de l'anglais [États-Unis] par Pierre-Emmanuel Dauzat).

Gérard Mairet *La fable du monde. Enquête philosophique sur la liberté de notre temps.*

Christian Meier *La naissance du politique* (*Die Entstehung des Politischen bei den Griechen* ; traduit de l'allemand par Denis Trierweiler).

*Yves Michaud *Violence et politique.*

Jonathan Moore (sous la direction de) *Des choix difficiles. Les dilemmes moraux de l'humanitaire* (*Hard Choices. Moral Dilemmas in Humanitarian Intervention* ; traduit de l'anglais [États-Unis] par Dominique Leveillé).

Frédéric Musso *Albert Camus ou la fatalité des natures.*

Pierre Pachet *La force de dormir. Essai sur le sommeil en littérature.*

Thomas Pavel *La pensée du roman.*

*Octavio Paz *L'arc et la lyre* (*El arco y la lira* ; traduit de l'espagnol [Mexique] par Roger Munier).

*Octavio Paz *Deux transparents. Marcel Duchamp et Claude Lévi-Strauss* (*Marcel Duchamp, Claude Lévi-Strauss o el nuevo Festín de Esopo* ; traduit de l'espagnol [Mexique] par Monique Fong-Wust et Robert Marrast).

*Octavio Paz *Conjonctions et disjonctions* (*Conjunciones y Diyunciones* ; traduit de l'espagnol [Mexique] par Robert Marrast).

*Octavio Paz *Courant alternatif* (*Corriente alterna* ; traduit de l'espagnol [Mexique] par Roger Munier).

*Octavio Paz *Le labyrinthe de la solitude* suivi de *Critique de la pyramide* (*El laberinto de la soledad*; *Posdata*; traduit de l'espagnol [Mexique] par Jean-Clarence Lambert).

*Octavio Paz *Marcel Duchamp : l'apparence mise à nu* (*Apariencia desnuda, la obra de Marcel Duchamp. El Castillo de la Pureza. * water writes always in * plural*; traduit de l'espagnol [Mexique] par Monique Fong).

Philip Pettit *Républicanisme. Une théorie de la liberté et du gouvernement* (*Republicanism. A Theory of Freedom and Government*; traduit de l'anglais par Patrick Savidan et Jean-Fabien Spitz).

Nadine Picaudou *L'islam entre religion et idéologie. Essai sur la modernité musulmane.*

Jackie Pigeaud *L'Art et le Vivant.*

Martine Poulain *Livres pillés, lectures surveillées. Une histoire des bibliothèques françaises sous l'Occupation.*

Joëlle Proust *Comment l'esprit vient aux bêtes. Essai sur la représentation.*

Hilary Putnam *Représentation et réalité* (*Representation and Reality*; traduit de l'anglais [États-Unis] par Claudine Engel-Tiercelin).

David M. Raup *De l'extinction des espèces. Sur les causes de la disparition des dinosaures et de quelques milliards d'autres* (*Extinction, Bad Genes or Bad Luck ?*; traduit de l'anglais [États-Unis] par Marcel Blanc).

Jan Philipp Reemtsma *Confiance et violence. Essai sur une configuration particulière de la modernité* (*Vertrauen und Gewalt. Versuch über eine besondere Konstellation der Moderne*; traduit de l'allemand par Bernard Lortholary).

Jean-Pierre Richard *L'état des choses. Études sur huit écrivains d'aujourd'hui.*

Rainer Rochlitz *Le désenchantement de l'art. La philosophie de Walter Benjamin.*

Rainer Rochlitz *Subversion et subvention. Art contemporain et argumentation esthétique.*

Rainer Rochlitz *L'art au banc d'essai. Esthétique et critique.*

*Emir Rodriguez Monegal *Neruda le voyageur immobile* (*El Viajero inmovil*; traduit de l'espagnol par Bernard Lelong).

Claude Romano *Le chant de la vie. Phénoménologie de Faulkner.*

Philippe Roussin *Misère de la littérature, terreur de l'histoire. Céline et la littérature contemporaine.*

Marc Sadoun *De la démocratie française. Essai sur le socialisme.*

Marc Sadoun (sous la direction de) *La démocratie en France*, tome 1 : *Idéologies*; tome 2 : *Limites.*

Elias Sanbar *Figures du Palestinien. Identité des origines, identité de devenir.*

Jean-Paul Sartre *Vérité et existence.*

Saskia Sassen *La Globalisation. Une Sociologie* (*A Sociology of Globalization*; traduit de l'anglais [États-Unis] par Pierre Guglielmina).

Jean-Marie Schaeffer *L'art de l'âge moderne. L'esthétique et la philosophie de l'art du XVIIIe siècle à nos jours.*

Jean-Marie Schaeffer *Les célibataires de l'art. Pour une esthétique sans mythes.*

Jean-Marie Schaeffer *La fin de l'exception humaine.*

Dominique Schnapper *La communauté des citoyens. Sur l'idée moderne de nation.*

Dominique Schnapper *La relation à l'Autre. Au cœur de la pensée sociologique.*

Dominique Schnapper *La démocratie providentielle. Essai sur l'égalité contemporaine.*

Dominique Schnapper *Une sociologue au Conseil constitutionnel.*

Jerome B. Schneewind *L'invention de l'autonomie. Une histoire de la philosophie morale moderne* (*The Invention of Autonomy. A History of Modern Moral Philosophy*; traduit de l'anglais [États-Unis] par Jean-Pierre Cléro, Pierre-Emmanuel Dauzat et Évelyne Meziani-Laval).

John R. Searle *La redécouverte de l'esprit* (*The Rediscovery of the Mind*; traduit de l'anglais [États-Unis] par Claudine Tiercelin).

John R. Searle *La construction de la réalité sociale* (*The Construction of Social Reality*; traduit de l'anglais [États-Unis] par Claudine Tiercelin).

Jean-François Sirinelli (sous la direction de) *Histoire des droites en France*, tome 1 : *Politique* ; tome 2 : *Cultures* ; tome 3 : *Sensibilités.*

Wolfgang Sofsky *Traité de la violence* (*Traktat über die Gewalt*; traduit de l'allemand par Bernard Lortholary).

Wolfgang Sofsky *L'ère de l'épouvante. Folie meurtrière, terreur, guerre* (*Zeiten des Schreckens. Amok, Terror, Krieg*; traduit de l'allemand par Robert Simon).

Jean-Fabien Spitz *Le moment républicain en France.*

Jean Starobinski *Le remède dans le mal. Critique et légitimation de l'artifice à l'âge des Lumières.*

George Steiner *Réelles présences. Les arts du sens* (*Real Presences. Is there anything* in *what we say?*; traduit de l'anglais par Michel R. de Pauw).

George Steiner *Passions impunies* (*No Passion spent*; traduit de l'anglais par Pierre-Emmanuel Dauzat et Louis Évrard).

George Steiner *Grammaires de la création* (*Grammars of Creation*; traduit de l'anglais par Pierre-Emmanuel Dauzat).

George Steiner *Maîtres et disciples* (*Lessons of the Masters*; traduit de l'anglais par Pierre-Emmanuel Dauzat).

George Steiner *Poésie de la pensée* (*The Poetry of Thought*; traduit de l'anglais par Pierre-Emmanuel Dauzat).

*Salah Stétié *Les porteurs de feu et autres essais.*

Ian Tattersall *L'émergence de l'homme. Essai sur l'évolution et l'unicité humaine* (*Becoming Human. Evolution and Human Uniqueness*; traduit de l'anglais [États-Unis] par Marcel Blanc).

Emmanuel Todd *L'origine des systèmes familiaux*, tome 1 : *L'Eurasie*.

*Miguel de Unamuno *L'essence de l'Espagne* (*En torno al Casticismo*; traduit de l'espagnol par Marcel Bataillon).

Jean-Marie Vaysse *L'inconscient des Modernes. Essai sur l'origine métaphysique de la psychanalyse*.

Patrick Verley *L'échelle du monde. Essai sur l'industrialisation de l'Occident*.

Paul Veyne *René Char en ses poèmes*.

Michael Walzer *Traité sur la tolérance* (*On Toleration*; traduit de l'anglais [États-Unis] par Chaïm Hutner).

Harald Welzer *Les exécuteurs. Des hommes normaux aux meurtriers de masse* (*Täter. Wie aus ganz normalen Menschen Massenmörder werden*; traduit de l'allemand par Bernard Lortholary).

Harald Welzer *Les guerres du climat. Pourquoi on tue au* XXIe *siècle* (*Klimakriege. Wofür im 21. Jahrhundert getötet wird*; traduit de l'allemand par Bernard Lortholary).

Bernard Williams *L'éthique et les limites de la philosophie* (*Ethics and the Limits of Philosophy*; traduit de l'anglais par Marie-Anne Lescourret).

Bernard Williams *Vérité et véracité. Essai de généalogie* (*Truth and Truthfulness. An Essay in Genealogy*; traduit de l'anglais par Jean Lelaidier).

Yosef Hayim Yerushalmi *Le Moïse de Freud. Judaïsme terminable et interminable* (*Freud's Moses. Judaism Terminable and Interminable*; traduit de l'anglais [États-Unis] par Jacqueline Carnaud).

Levent Yilmaz *Le temps moderne. Variations sur les Anciens et les contemporains*.

Cet ouvrage a été composé par
Nord Compo
et achevé d'imprimer
par Normandie Roto Impression s.a.s.
61250 Lonrai, le 20 avril 2012
Dépôt légal : avril 2012
Numéro d'imprimeur : 121589

ISBN 978-2-07-013753-4 / Imprimé en France

241696